幕末雄藩列伝

伊東 潤

角川新書

はじめに

藩という組織の観点から幕末と明治維新を紐解《ひもと》こうというのが、本書のテーマである。もちろん歴史を動かすのは人であり、幕末から維新にかけて、英雄豪傑から凡才や奸物《かんぶつ》まで、多彩な人物が登場しては消えていった。

多くの本は、そうした人物に焦点を絞って書かれている。だが本《もと》を正せば、彼らの大半がいずこかの藩に所属しており、藩は、その人物の人となりを形成していった母体だった。しかも時として、人物と藩の意思は相反することもあり、英雄ばかりを追っていくことで、幕末維新の動きが分かりにくくなることもある。

そうしたことから本書では、幕末期から明治維新期にかけて藩の実権を握った人々を中心に描くことで、この時代の大きな流れを捉《とら》えようと思っている。

ちなみに本書のタイトルは『幕末雄藩列伝』だが、取り上げた十四藩すべてが、一般的な意味での雄藩というわけではない。

中には、請西《じょうざい》藩のように一万石そこそこの藩もある。だが請西藩は、風見《かざみ》鶏《どり》のように右へ倣えとなった多くの藩と異なり、雄藩と呼べるだけの意地を貫いて散っていった。その一方、諸藩の中には、堂々と幕末から維新の荒波を乗り切ったとは言えない藩もある。だが、それもまた幕末維新の真実なのだ。

これまでも藩について書かれた本は多々あった。だが藩の歴史を紹介するにとどまり、藩としての決断や岐路についての論考を述べたものは、極めて少ない。

本書では取り上げた十四藩の歴史を紹介するだけでなく、それぞれの藩が幕末から維新にかけて、どのような経緯で何をどう決断し、その結果、どうなったのかを書いていこうと思っている。その過程において、藩の明暗を決する岐路があれば、それも強調していくつもりだ。

本書は本業が小説家の筆者が書いたので、歴史研究書のようにお堅いものではなく、読み物として楽しめるものだ。とは言っても丹念に史実を調べ、徹底して裏付けを取ったので、その点は安心してほしい。

当初、この作品の連載が「歴史読本」という伝統ある専門誌で始まったことからも分かるように（「歴史読本」は連載途中で休刊となった）、同誌のバックナンバーや編集部に蓄積された膨大な資料を使わせていただいたことが、今更ながら幸いだったと思う（そうした資料は、本書の版元のKADOKAWAに引き継がれた）。

「御家大事」という言葉があるように、江戸時代を生きてきた武士たちは、何を措《お》いても主君への忠義を重んじ、時と場合によっては、忠義を貫くために己の命さえ軽く扱った。

だが時の流れは厳しいもので、明治維新になり、版籍奉還や廃藩置県といった「武士を捨てる」ための一連の流れの中で、明治政府によって藩組織の結束は徐々に弱められ、最後は藩主を東京に住まわせ、あえて旧家臣たちとの間に距離を置かせることまで行われた。

それでも明治十年の西南《せいなん》戦争を最後に、不平士族による内乱は鎮静し、日本は近代国家への道を歩み始める。しかし、当時の人々が後々まで藩という概念を引きずっていたことは、多くの記録を見れば明らかである。

かくして藩という不思議な集団は消えていくことになるが、その残した足跡は実に興味深い。幕末から維新にかけての変革期に、藩という組織がいかなる決断を下していったかを、読者の皆様のビジネスや人生の参考にしていただければ、作者としてこの上ない喜びである。

それでは、読者諸氏と共に雄藩という大船に乗り、幕末維新の大海に漕《こ》ぎ出すとしよう。

目次

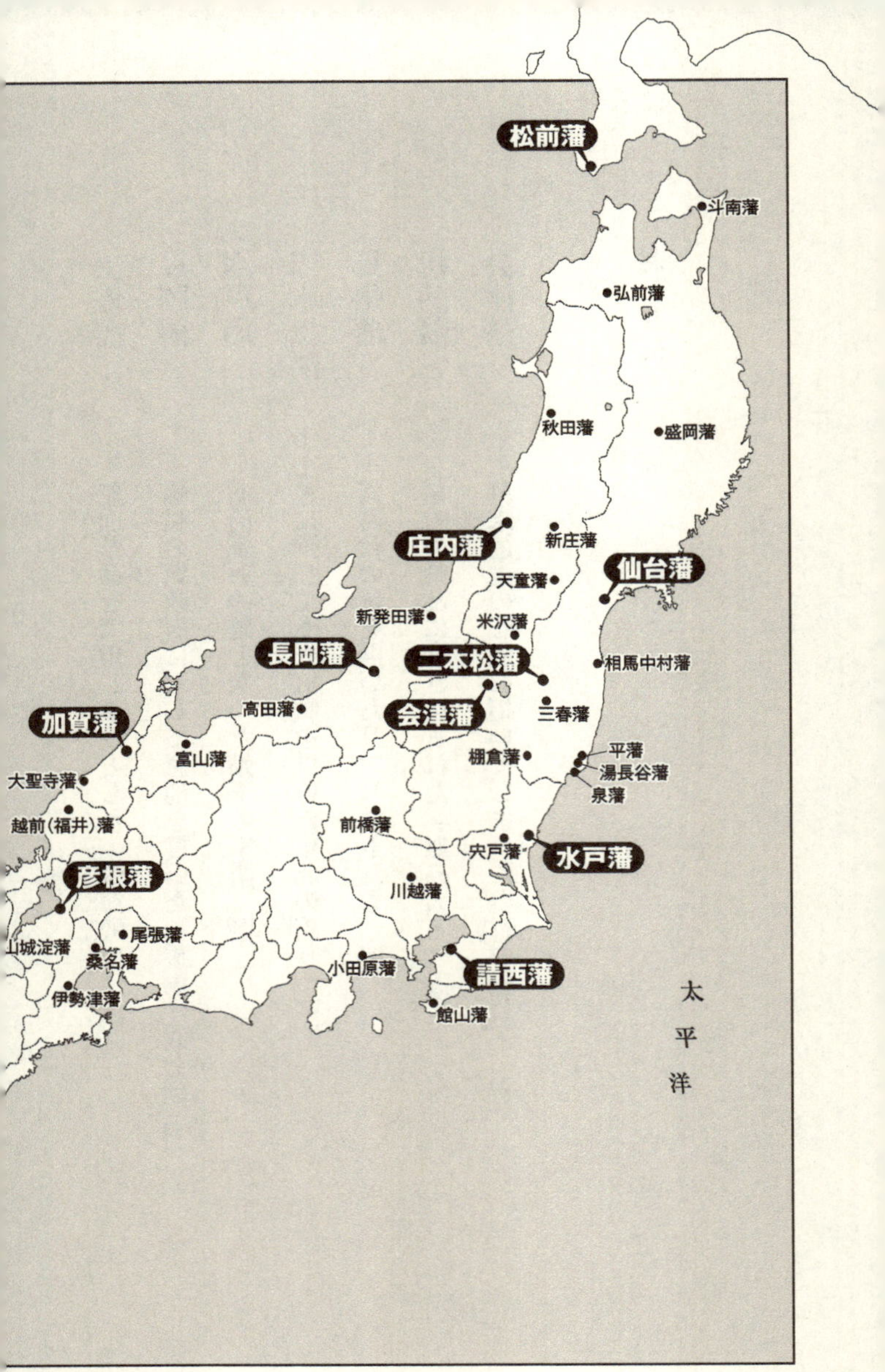

松前藩
斗南藩
弘前藩
秋田藩
盛岡藩
庄内藩
新庄藩
仙台藩
天童藩
新発田藩
米沢藩
長岡藩
二本松藩
相馬中村藩
会津藩
高田藩
三春藩
加賀藩
富山藩
平藩
棚倉藩
湯長谷藩
大聖寺藩
泉藩
越前（福井）藩
前橋藩
宍戸藩
水戸藩
彦根藩
川越藩
尾張藩
山城淀藩
桑名藩
小田原藩
請西藩
伊勢津藩
館山藩
太平洋

本書に登場する主な藩

薩摩藩

——維新回天の偉業を成し遂げた二才《にせ》たち

島津氏が居城とした鹿児島城の本丸東面。明治初頭に焼失（鹿児島県立図書館所蔵）

明治維新の立役者こそ薩摩藩《さつま》であろう。

長年にわたり、「薩長」（薩摩・長州《ちようしゆう》両藩）ないしは「薩長土肥」（薩摩・長州・土佐《とさ》・肥前《ひぜん》の四藩）という呼び名が定着しているので、明治維新の貢献度は、「薩長」同等ないしは「薩長土肥」で分け合っているかのように思われがちだが、実際は薩摩藩が長州藩を助け、倒幕に大きく舵《かじ》を切らなければ、維新は全く別のものになっただろう。その是非をここで問うことはしない。本章では、薩摩藩の動向と決断について考えていきたいと思う。

今更言うまでもないが、幕末における薩摩藩の存在は大きく、また、その代償とも言える犠牲者の数も、勝ち組の中では最も多い（戊辰《ぼしん》戦争における新政府側の犠牲者総数は約五千名。うち薩摩藩五百十四名、長州藩四百二十七名）。

政治・軍事両面で倒幕を主導し、その代償を支払わされてきた薩摩藩出身者が、明治新政府の顕官の地位を長州藩出身者と分け合うのは当然と言えば当然だろう。しかしそれが新たな権力闘争を生み、西南戦争の悲劇へとつながっていくのは、何とも皮肉なことだ。

それでは、薩摩藩の歴史から見ていこう。

薩摩藩主島津《しまづ》氏のルーツは、宮崎県都城《みやこのじょう》市にあった近衛《このえ》家領島津庄だという。鎌倉時代初期、近衛家に仕えていた惟宗広言《これむねのひろこと》が、島津庄の下司《げす》（年貢の徴収を行う下級職員）になり、その子の忠久《ただひさ》が島津姓を名乗って初代になったという。

室町時代には、庶子家が乱立して衰退した島津氏だが、戦国期になって、貴久《たかひさ》とその子たち（義久《よしひさ》・義弘《よしひろ》・歳久《としひさ》・家久《いえひさ》）の活躍により、九州随一の大名になる。

その後、島津氏は戦国時代中期に九州北部まで勢力を伸張させたが、天正《てんしょう》十五年（一五八七）、遠征してきた豊臣秀吉《とよとみひでよし》に降伏する。これにより島津氏は、薩摩・大隅《おおすみ》二国と日向《ひゅうが》国西部を含む九州最南端地域五十六万石の領主として、豊臣家の支配体制に組み込まれた（江戸時代末期は表高七十七万石）。

その十三年後の慶長《けいちょう》五年（一六〇〇）に勃発《ぼっぱつ》したのが、関ヶ原《せきがはら》合戦である。島津氏は西軍に与《くみ》して敗れ、改易の危機に直面する。だがこの難局を何とか切り抜け、徳川《とくがわ》幕藩体制の外様《とざま》大名として生き残ることに成功した。

秀吉の侵攻時、同様の条件で関東の北条《ほうじょう》氏が滅ぼされたのとは対照的に、島津氏が赦免されたのには理由がある。その巧みな外交力もさることながら、それ以上に薩摩国が、日本の南西部という地理的に優位な位置にあったからにほかならない。つまり秀吉や家康《いえやす》にとって、改易にしたはいいが、残党に反旗を翻されて山岳ゲリラのような戦いを続けられることだけは避けたかったに違いない。

薩摩藩の領国は、九州山地を北限として東西南の三方を海に隔てられているため、極めて独立性が高い地勢にある。まさに「国中、八分は山にて」(『西遊雑記《さいゆうざつき》』)、「丘陵国内に縦横粉乱して平坦《へいたん》なる処《ところ》甚だ少なし」(『薩摩見聞記』)といった有様で、山や丘を越えなければ、他国どころか隣の村に行くことさえ難しい国だった。

かくして島津氏は、外交力と天険によって多難な時代を乗り切ることに成功し、幕末最大の果実を手にすることになる。

江戸時代の薩摩藩主には名君が多い。まず八代藩主の島津重豪《しげひで》である。重豪は蘭学《らんがく》に強い興味を示した開明的な大名で、藩士教育に力を注ぎ、造士館《ぞうしかん》や明時館《めいじかん》(天文館《てんもんかん》)を創設し、西欧の学問を吸収しようとした。しかし華美な生活を好んだこともあり、藩財政は危機に瀕《ひん》していた。そのため数字に明るい調所広郷《ずしょひろさと》を重用し、財政改革に取り組ませた。

その晩年、重豪は起居を共にするほど曾孫《そうそん》の斉彬《なりあきら》を可愛がり、その幼少時に多大な影響を与えたという。

重豪の後には九代藩主の斉宣《なりのぶ》、十代藩主の斉興《なりおき》と続いたが、重豪は八十九歳という長寿を全うし、最晩年まで権力を握り続けた。

その重豪の意を汲《く》み、藩財政の改革に取り組んだ調所は、五百万両という借金を抱えて破綻《はたん》寸前だった藩財政を立て直した。

しかし重豪の死後、斉彬が重豪の影響を強く受けていると感じた調所は、またしても道

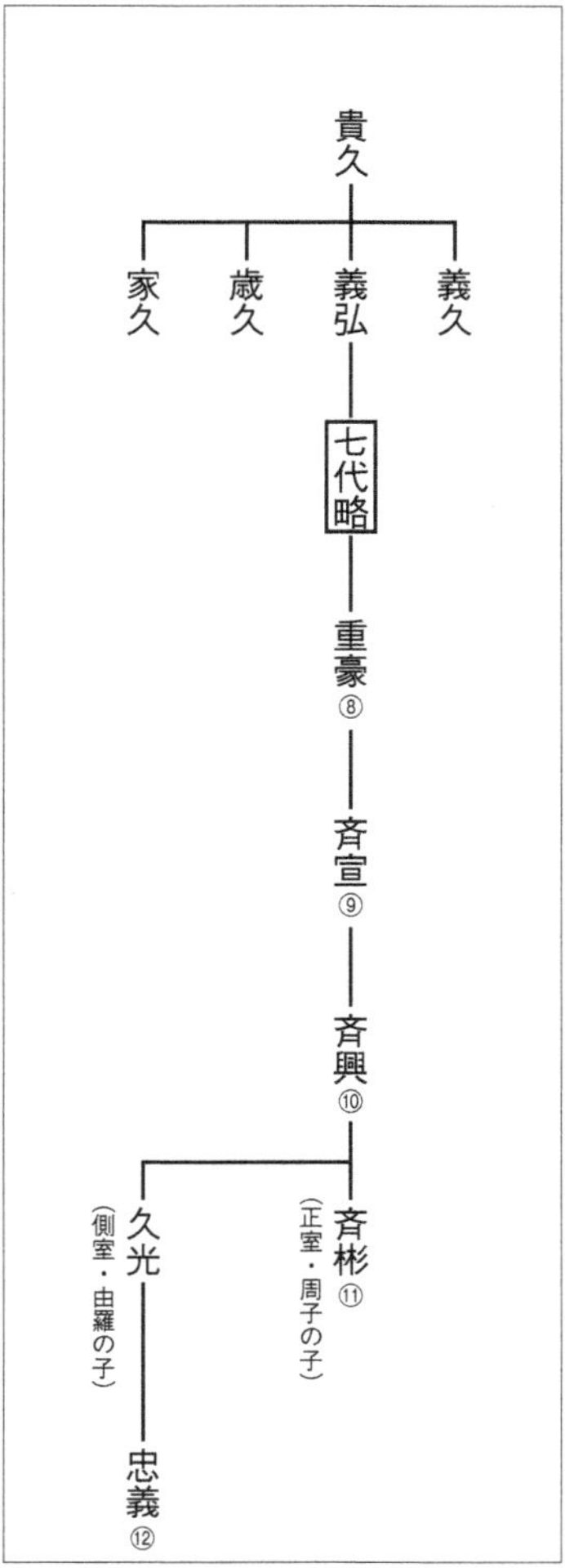

幕末期の島津氏関係系図

楽のような事業によって財政が破綻させられることを危惧《きぐ》し、斉彬の異母弟である久光《ひさみつ》を藩主に擁立しようとした。そのため調所一派と、斉興嫡男の斉彬を推戴《すいたい》する一派が激しく対立する。

薩摩藩の内訌《ないこう》の始まりである。この内訌は、久光の母である由羅《ゆら》の方の名を取り、お由羅騒動と呼ばれた。

事件の名ともなった由羅の方は、江戸の町娘から島津斉興の側室となったという数奇な運命の持ち主で、小説などでは、希代の悪女として描かれることが多い。しかし史料的には、そうした面は感じられない。

お由羅騒動とは、端的に言ってしまえば、斉彬を嫌った父の斉興が久光に家督を譲ろうとしたために起こった騒動だが、斉彬が優秀なのは藩外にも知れわたっており、将軍の家《いえ》慶《よし》や老中の阿部正弘《あべまさひろ》が介入することで、嘉永《かえい》四年（一八五一）になって、ようやく斉彬は藩主の座に就くことができた。この時、斉彬は四十二歳になっていた。

西欧列強のアジア進出に強い危機感を持つ斉彬は、いち早く西欧の科学技術を取り入れ、産業を育成して社会インフラを整えようとした。

これが、斉彬の英明さを後世に伝える集成館《しゅうせいかん》事業である。

この事業は、製鉄・造船・紡績を中心にした殖産興業により、西欧諸国の圧力に対抗できる国を造ろうという壮大な構想をベースとしており、軍事のみならず産業全般に及んでいるのが特徴になっている。

その一部を挙げると、反射炉や溶鉱炉の建設から、大小砲の砲腔《ほうこう》をくりぬく機械・ガラス製造・洋式搾油機・工作機械・洋式艦船の工場などにまで及び、最盛期には千二百人の職工が、鹿児島市郊外の磯《いそ》（地名）に造られた集成館で働いていた。

すなわち富国強兵とは、軍事力の強化だけではなく、その基盤となる財政を支える産業の育成や社会インフラの整備にあると、斉彬は見抜いていたのだ。

嘉永六年に黒船が来航する前後から、日本は開国か攘夷《じょうい》かで揺れていた。

斉彬は安政《あんせい》の改革で門戸が開かれた幕政にも関与し、老中の阿部正弘を支持し続ける。その基本思想は公武合体であり、それが次代の久光と忠義《ただよし》にも引き継がれていく（久光は藩主の座に就かなかったので、厳密には忠義になる）。

そもそも公武合体策というのは、朝廷・幕府・雄藩が力を合わせて外圧に対抗していこうという政治思想で、当時の情勢を考えれば、極めて時宜に適《かな》っていた。もしもこの方向

で幕政改革が行われ、緩やかに政権交代が行われた場合、全く歴史は違った様相を呈した
はずだ。

しかし英名を謳《うた》われた斉彬も、安政五年（一八五八）、五十歳で病に倒れて急逝した。

治世わずか七年半という短さであり、本人も周囲も無念だったに違いない。

斉彬の名跡は、その遺言により、弟久光の子の忠義が継いだ。しかし十九歳の忠義に実権はなく、祖父の斉興と父の久光が、薩摩藩の全権を握ることになる。

となれば当然、集成館事業の縮小が始まる。そして翌安政六年（一八五九）、集成館事業を消し去った斉興は永眠した。

斉興の死後、実権は久光に集中した。久光は時代の流れを敏感に読み取り、旧斉彬派との融和により、藩内の意思統一を図っていこうとする。

これにより尊王攘夷思想を信奉する旧斉彬派の若手藩士たちは、精忠組《せいちゅうぐみ》を結成した。メンバーは西郷隆盛《さいごうたかもり》、大久保《おおくぼ》利通《としみち》、伊地知《いじち》貞馨《さだか》、有馬《ありま》新七《しんしち》、有村俊斎《ありむらしゅんさい》、同雄助《ゆうすけ》、同次左衛門《じざえもん》、大山綱良《おおやまつなよし》、奈良原《ならはら》喜左衛門《きざえもん》らである。その後、精忠組は、久光に従順な公武合体派と、過激な思想の尊王攘夷派に分かれていった。

そんな最中の安政七年（一八六〇）三月三日（万延《まんえん》元年は三月十八日から）、桜田《さくらだ》門外

の変が起こり、幕府大老の井《い》伊《い》直弼《なおすけ》が殺害される。

この事件の主力は水戸《みと》脱藩浪士たちだったが、井伊の首級を挙げたのは、他藩からの唯一の参加者である薩摩藩精忠組の有村次左衛門だった。しかも兄の雄助も、この変に一枚噛《か》んでいたため、久光は精忠組の過激尊攘派を目の敵にし始める。

有村兄弟は自刃《じじん》し、事態は鎮静化に向かうかに見えたが、二人と意を同じくする有馬新七らは、久留米《くるめ》藩の真木和泉《まきいずみ》や長州藩の久坂玄瑞《くさかげんずい》と連携し、不穏な動きを見せ始める。

文久《ぶんきゅう》元年（一八六一）、久光は念願の公武合体を実現すべく、上洛《じょうらく》および江戸出府を決意し、

「国父」として実権を握った島津久光

守旧派の老臣たちを罷免《ひめん》すると、大久保利通や伊地知貞馨ら精忠組の公武合体派を藩政の中枢に据える。さらに大久保の進言に従い、朝廷や諸国の攘夷志士に顔の利く西郷隆盛を、配流先の奄美大島《あまみおおしま》から呼び戻した。

そもそも西郷が島流しになったのは、安政五年（一八五八）、安政の大獄で追われる身となった勤王僧の月照《げっしょう》を藩命に背いて匿《かくま》った上、共に錦江湾《きんこう》に入水《じゅすい》したからだった。この時、月照は死に西郷は蘇生《そせい》したが、藩としては、幕府ににらまれている西郷を放っておくわけにもいかず、秘密裏に奄美大島に隠したのだ。

文久二年（一八六二）三月、久光は西郷を先行させ、肥後《ひご》藩の動静を探らせた上、下関《しものせき》で待つよう伝えた。ところがこの時、下関にいた平野国臣《ひらのくにおみ》に会った西郷は、京洛の地には、田中河内介《たなかかわちのすけ》、清河八郎《きよかわはちろう》、吉村寅太郎《よしむらとらたろう》ら名だたる志士が集まり、その数は三百余に達していると聞いた。しかも彼らを操っているのは、長州藩の久坂玄瑞らで、いつ何時、暴発するか分からない状況だという。

尊攘志士たちは久光上洛に呼応し、挙兵しようとしていた。彼らは久光の思惑など顧みず、久光を倒幕の挙兵に巻き込み、薩摩藩を引くに引けなくさせるつもりなのだ。

これを聞いた西郷は、己の力で暴発を防ごうと上洛の途に就く。事は急を要する問題であり、久光の許可を取っている暇《いとま》はない。

京に乗り込んだ西郷は、過激派志士たちの鎮静化に成功したが、久光は、西郷が志士たちを扇動するために京に向かったと勘違いした。しかも置書簡一つ残さず、「下関で待て」という命令に違背したのは許し難い。

結局、奄美から呼び戻されたのも束の間、西郷は徳之島《とくのしま》へと流される。

四月、いよいよ伏見《ふしみ》に入った久光は、伏見の船宿・寺田屋《てらだや》に集まっていた有馬新七ら精忠組尊攘派の暴発を防ぐべく説得を図るが、有馬らは聞き入れない。有馬らは、関白の九《く》条尚忠《じょうひさただ》と京都所司代の酒井忠義《さかいただあき》の暗殺計画を進めていたのだ。

これを知った久光は、寺田屋に同じ精忠組の公武合体派を差し向ける。

双方は当初、大人しく話し合っていたが、次第に激して遂《つい》に斬り合いが始まる（久光の命を受けて斬りに行ったというのは誤り）。この戦いで有馬は斬り死にし、西郷従道《さいごうつぐみち》や大《おお》山巌《やまいわお》ら二十二名は捕縛された。

これにより精忠組の尊攘派は壊滅し、久光は朝廷と幕閣から信頼を得ることになる。

その後、勅使の大原重徳《おおはらしげとみ》を伴って江戸に入った久光は、幕閣に攘夷を促し、一橋慶喜《ひとつばしよしのぶ》を将軍後見職に、松平春嶽《まつだいらしゅんがく》（慶永《よしなが》）を政事総裁職に就かせるという人事を承諾させた。これにより大老の井伊直弼没後、幕閣の中心にいた老中の久世広周《くぜひろちか》と安藤信正《あんどうのぶまさ》が失脚する。

多大な成果を挙げたことに気をよくし、意気揚々と江戸を後にした久光だったが、その帰途に災難が待ち受けていた。生麦事件である。

武蔵国《むさし》の生麦村付近で、久光の行列の中に馬を乗りいれた英国人たちに怒った藩士数名が、英国人一名を無礼討ちにしたのだ。これが、翌文久三年（一八六三）七月の薩英戦争へとつながっていく。

この時、敵の艦砲射撃によって鹿児島市街を焼かれた薩摩藩は、西欧列強の強さを身に染みて知り、以後、藩内で攘夷論は鳴りを潜め、倒幕論へとすり替わっていく。ここが一つ目のポイントである。

また斉彬の頃のように、西欧の技術と文化を取り入れようとする機運が盛り上がり、久光は洋学研究のために開成所《かいせいじょ》を設立、西欧文明の摂取に努めた。さらに、わが国初の機械紡績工場を造り、集成館事業の一部を復活させようとした。

多大なる投資を必要とする集成館事業のすべてを復活させることは、薩摩藩を再び財政赤字に転落させることにつながる。その点、収益が期待できる機械紡績工場に投資を集中させた久光は、賢明だったのかもしれない。

久光が力を注いだ機械紡績工場を含む磯地区の様子。明治５年頃の撮影（尚古集成館所蔵）

西郷との確執や、維新後の急激な欧化政策への批判から、久光は保守的で凡庸な当主というイメージを持たれがちだが、すべてを西欧化しようとする新政府の文明開化の流れを押しとどめ、日本固有の文化を尊重し続けたその姿勢は、今となっては評価できるのではないだろうか。

その頃、京都では八月十八日の政変（文久の政変）によって朝廷から長州藩と攘夷派公家《くげ》が追い出され（七卿《しちきょう》落ち）、薩摩藩や会津《あいづ》藩といった公武合体派が政治の主導権を握った。

久光は十月に再上洛を果たし、慶喜、松平春嶽、伊達《だて》宗城《むねなり》、山内容堂《やまうちようどう》らと参預《さんよ》会議にも名を連ねるが、翌元治《げんじ》元年（一八六四）二月、泥酔した慶喜が久光らを「奸物《かんぶつ》」と罵《ののし》ったため、参預会議は空中分解した。この時、西郷たちが「慶喜ではだめだ」と思い、倒幕に傾いたことが二つ目のポイントである。

その後、長州藩が巻き返しに出た禁門《きんもん》の変で、長州藩を撃退した薩摩藩だったが、この後、長州藩に接近し、第一次長州征討も軽い処罰で終わらせた。ここで長州藩を残したことが、三つ目のポイントとなる。

その結果、慶応《けいおう》二年（一八六六）には薩長同盟が締結される。このあたりから、西国雄藩による倒幕という方針が明確になっていく。

第二次長州征討で幕府軍は敗退を続け、いよいよ慶喜は追い込まれる。

翌慶応三年（一八六七）五月には、薩摩藩主導の下に四侯《しこう》会議が発足するが、将軍となった慶喜に押し切られ、薩長両藩と幕府の対立は明らかになる。

そのため、双方の間に立った土佐藩前藩主の山内容堂は、慶喜に大政奉還《たいせいほうかん》を勧めた。

かくして大政奉還から王政復古《おうせいふっこ》、鳥羽《とば》・伏見の戦いへとつながっていくわけだが、慶応二年頃から、藩の主導権は忠義が握るようになり、多くの判断を、小松帯刀《こまつたてわき》、西郷隆盛、大久保利通の三人に託すようになっていく。これは、忠義が凡庸というよりも、ブレーン

文久3年、薩摩藩は鹿児島湾を航行するイギリス艦隊を砲撃した（『薩英戦争絵巻』尚古集成館所蔵）

の三人に藩の命運を託すという思い切りのよさを評価すべきだろう。
かくして薩摩藩は、維新の大業を主力として成し遂げることになる。

幕末から明治維新までの流れを薩摩藩の視点から見てきたが、様々な状況変化に翻弄《ほんろう》されながらも、薩摩藩は、よくぞ進路を過たなかったと思う。とくに薩英戦争をしたばかりのイギリスと提携したり、仇敵《きゅうてき》の長州藩と手を組んだりという発想の転換は見事である。

そんなことが、どうしてできたのか。

実は大政奉還の頃を境として、諸藩の主導権が、藩主や重臣から尊王攘夷活動を続けてきた、いわゆる「名士」に移ったことが、その理由の一つに挙げられる。

薩摩藩の場合、藩主忠義の英断により、西郷や大久保に全権を掌握させ、藩士たちを従わせたことが大きかった。

薩摩藩固有の郷中《ごじゅう》文化の成せる業だと思うが、二才《にせ》と呼ばれる薩摩の若者たちは指導者に判断を仰ぎ、その命であれば、水火も辞さぬという心構えを持つ者が多い。その対象が、かつての島津家から維新を経て西郷や大久保に移っていったのだ。しかも西郷隆盛という、日本史上最大にして唯一のカリスマを頂いていたことにより、薩摩藩は上下一致した動きが取れ、円滑な方向転換が図れたのだ。

尤《もっと》も、それが高じて西南戦争まで突き進んでしまうのは、薩摩の人々にとって実に残念なことだったと思う。

いずれにせよ薩摩藩は、維新回天の偉業を成し遂げた。いくつかの幸運があったにせよ、その判断力や変わり身の速さは称賛に値する。中でも城下士《じょうかし》（上士）と外城士《とじょうし》（郷士《ごうし》）の間に立ち、藩を一つにまとめていった小松帯刀の手腕には惜しみない拍手を送りたい。

彦根藩

——先祖の名誉を踏みにじった幕末最大の裏切り者

彦根城の天守（古写真）。井伊氏が居城とした当時の建築は現在も残っている

幕末ほど、指導者たちの力量が問われた時代もなかった。彦根《ひこね》藩もその例に漏れず、様々な岐路に立たされ、難しい決断を強いられた。

その舵《かじ》取《と》りを担ったのは、十三代藩主にして幕府大老に就任した井伊直弼と、その横死後に跡を継いだ十四代の直憲《なおのり》である。この二人の決断ほど、時代の転換期の舵取りの難しさを表しているものはないだろう。

二〇一七年の大河ドラマ「おんな城主 直虎」で有名になったことだが、そもそも井伊家というのは、遠江《とおとうみ》国の井伊谷《いいのや》を本拠とし、浜名《はまな》湖の東部一帯に勢力を張っていた小さな土豪だった。

南北朝の争乱の頃は徹底して南朝方で（これが幕末に効いてくる）、後醍醐《ごだいご》帝の息子の一人である宗良《むねよし》親王を迎え、北朝方の今川《いまがわ》氏と抗争を繰り広げるほどだった。

戦国前期には今川氏の傘下に入るが、桶狭間《おけはざま》合戦で今川義元《よしもと》が討ち取られてからは、自立の道を模索したため、今川氏から攻められるなどして衰退の一途をたどった。しかし直《なお》政《まさ》が十五歳の時、徳川家康に見出《みいだ》され、そこから家運が開けていく。

軍事・外交面で手腕を発揮した直政は、家康の天下取りに大きな貢献を果たし、関ヶ原合戦の後、近江佐和山《おうみさわやま》十八万石を拝領する。その子の直孝《なおたか》は直政に輪をかけて優秀で、三十五万石もの大身となり、徳川譜代《ふだい》筆頭にまで上り詰める。

江戸時代を通じて、井伊家は幕府から重んじられた。その証拠に、有力な譜代大名が転封を繰り返す中、井伊家だけは転封がなく、しかも歴代で十三人しかいない大老職を、五人六度（大老という職制がなかった時代の直孝を含めれば、六人七度）も輩出するほど徳川家の信頼は絶大だった。

ちなみに徳川四天王の残る三家、酒井忠次《さかいただつぐ》家、榊原康政《さかきばらやすまさ》家、本多忠勝《ほんだただかつ》家は、譜代重鎮でも大老に就任する資格はなく、いかに井伊家の血筋が尊重されていたかが分かろうというものである。

戦国から江戸期にかけて、軍事・政治の両面で、これだけ長く活躍した一族はなく、その堂々たる栄光の歴史は直弼まで続いた。

文化《ぶんか》十二年（一八一五）、直弼は井伊家十一代・直中《なおなか》の十四男として生まれた。しかしこの時、直弼が彦根藩主どころか幕府の大老になるなど、誰が思っただろうか。というのも直弼は十四男の上、その実母も町人の娘だったからだ。

長男を除く大名家の子弟は、他家の養子になって家を出ない限り、捨扶持《すてぶち》をもらって生涯を無為に過ごすしかない。直弼の場合、十七歳で父を失ったのを機に部屋住み扱いとなり、三百俵の捨扶持をもらい、中級武士の格式の城下屋敷に住まわされた。直弼はこの屋敷を「埋木舎《うもれぎのや》」と呼び、自らの不運を皮肉った。

好きなことをして暮らそうと決意した直弼は、茶湯・和歌・鼓《つづみ》（能を意味する）に耽溺《たんでき》した。そのため藩士たちは、直弼のことを「茶《ちゃ》・歌《か》・ポン」と呼んで馬鹿にしたという。

これらの趣味で名人の域に達した直弼だったが、武辺の血は抑えられず、弓・馬・剣・柔術の鍛錬も怠らなかった。また国学や蘭学《らんがく》にも傾倒し、「一日二刻（約四時間）眠れば足りる」と豪語するほど、諸方面に熟達していった。

ところが、何が幸いするか分からない。三十二歳の時、世子の直元《なおもと》が死に、ほかに適当な候補もいないため、直弼が十二代直亮《なおあき》の養子に据えられたのだ。

そして嘉永三年（一八五〇）、直亮の死によって、三十六歳の直弼に藩主の座がめぐってくる。これにより井伊家三十五万石を相続した直弼は、掃部頭《かもんのかみ》と称し、幕政に参与できる立場の「溜間《たまりのま》詰譜代筆頭」になる。

嘉永六年（一八五三）六月、ペリーの来航によって、国内は開国か攘夷《じょうい》かで二分された。攘夷派の筆頭は、幕政参与という職にある水戸《みと》斉昭《なりあき》である。斉昭は激越な尊王《そんのう》攘夷思想の持ち主で、開国派の老中・阿部正弘らと対立していた。

直弼は根本的には攘夷論者だったが、老中筆頭である阿部正弘が推し進めていた開国方針に反対することは幕閣の分裂に結び付き、それが幕威の衰退につながると危惧《きぐ》し、開国に賛成したと言われている。

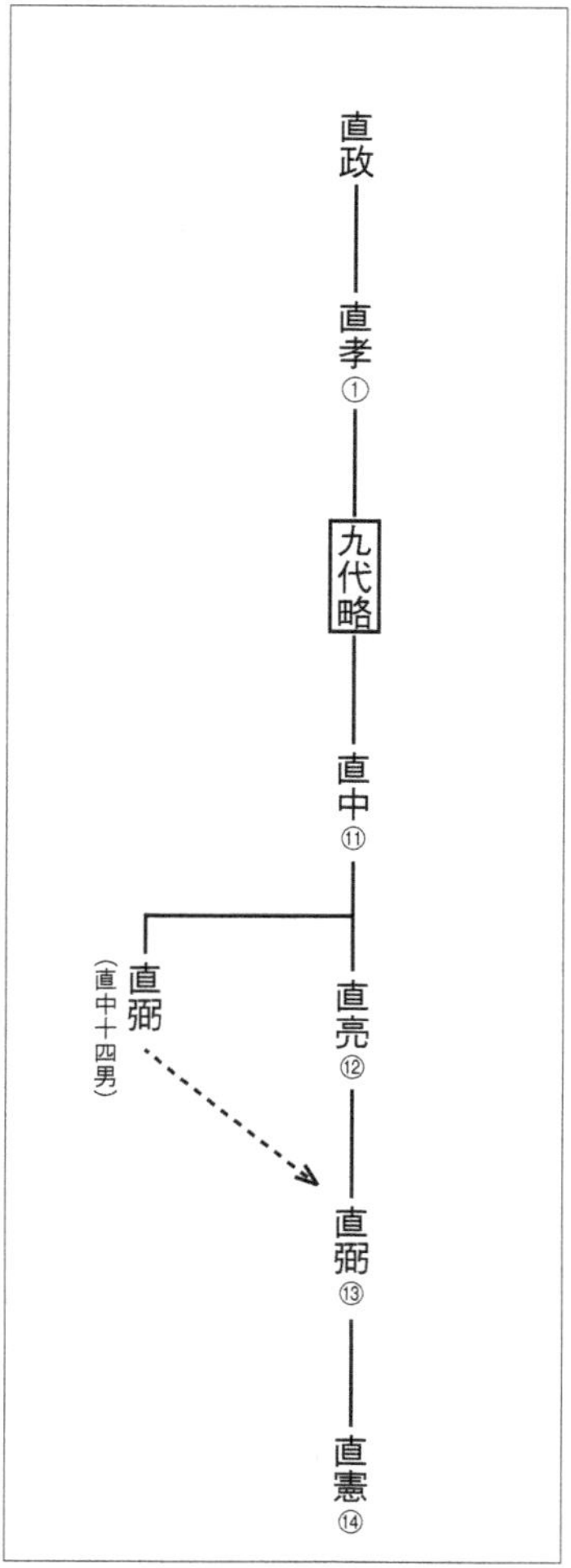

幕末期の井伊氏関係系図

直弼の念頭には、常に「幕威の回復」があり、それに利するものならば、開国だろうが攘夷だろうが構わなかったに違いない。いうなれば直弼は徳川家絶対主義者であり、それが本然的に持つ権威主義と結び付き、ほかの者の意見を一切聞かず、安政の大獄《たいごく》のような反対派への弾圧を起こしてしまったと考えられる。

話が先走ったが、ペリーの一回目の来航直後、十二代将軍の家慶が病死する。十三代将軍には、家定《いえさだ》が就いたものの、家定は生来病弱なので、次期将軍候補を早めに決めておこうということになった。

そこで、斉昭の息子の一人である一橋慶喜の名が浮上してくる。対立候補は、紀州《きしゅう》和歌山藩主の慶福《よしとみ》だが、慶福は八歳にすぎず、十七歳の慶喜が有力視された。

幕閣は翌年に再来航したペリー艦隊の圧力に抗し得ず、三月、日米和親条約を締結する。

こうした外圧と並行して、将軍継嗣問題は徐々に加熱してくる。

松平春嶽、島津斉彬、伊達宗城、山内容堂ら有力諸藩の藩主たちは、そろって慶喜を推す。早急に幕政改革を行わないと、対外的危機に対応できないと信じた彼らは、指導力がある（と思われていた）慶喜の将軍就任を望んだのだ。

こうした継嗣問題に不快をあらわにしたのは、誰あろう将軍家定である。家定は安政三

直弼が17歳から32歳までの15年を過ごした埋木舎。質素な武家屋敷で、復元公開がされている（滋賀県彦根市、〈公社〉びわこビジターズビューロー提供）

年十二月に、薩摩《さつま》藩出身の篤姫《あつひめ》を迎えており、後嗣の誕生が待たれる時期でもあった。自分の体質的問題を前提にして継嗣問題を論じ合われるのは不快だろうし、自分の子に家を譲りたいと思うのは、親として当然である。

こうした最中の安政五年四月、井伊直弼が大老に就任する。そして六月、直弼によって、米国との修好通商条約調印と慶福の継嗣決定が発表される。

従来、直弼の独断専行によって決められたと言われてきた二つの問題だが、継嗣決定は斉昭・慶喜父子を嫌った家定の意向に沿ったもので、条約調印は家定の病状が悪化したため、勅許《ちょっきょ》を得る前に強行せざるを得ないという事情があった。つまり代替わりの混乱で米国を待たせると、英仏までやってきて、さらに不利な条件を突き付けられる可能性があったからだ。

　この時の混乱を整理すると、以下のようになる。

　六月十九日、日米修好通商条約調印を強行した直弼に対し、二十四日、慶喜らが抗議に押し掛けた。慶喜は勅許を得ずして条約に調印したことを問題視し、少なくとも直弼が上《じょう》洛《らく》の上、朝廷に謝罪すべきだと非難した。慶喜としては、調印はやむを得ないとしても、朝廷に謝罪の一つもしない直弼のやり方が許せなかったのだ。

　すると翌二十五日、継嗣を慶福にすると発表した直弼は、七月五日、慶喜を登城停止処分にする。

　これ以前の直弼は、将軍の意思や幕閣の総意を政治に反映するという常識的な一線を守っていた。しかし一橋派との対立が顕著になるに従い、過度に感情的になり、独断専行という危険な道に踏み出してしまったのだ。

　その混乱の最中の七月六日、家定が三十五歳の若さで急死した。新将軍には、家茂《いえもち》と改名した慶福が就いた。これにより権力基盤を確立した直弼は、独裁政治という危険な海域に舵を切り始める。

直弼の立場としては、新将軍の下で一致団結して対外問題に当たらなければ、この難局を乗り切れないという危機感があったのだろう。しかも徳川家絶対主義を貫く井伊家にあり、一橋派との融和や妥協など考えもしなかったに違いない。また、家茂の信任を得ているので、強気になっていたのも事実だったに違いない。しかし弾圧に反動は付き物である。

八月、日米修好通商条約無勅許調印と一橋派の弾圧に激怒していた孝明《こうめい》天皇と尊攘派の公家《くげ》たちは、これまで幕府を通さねばならなかった勅書（戊午《ぼご》の密勅）を直接、水戸藩に下した。さらに水戸藩を通じて諸藩に通達するよう命じたのだ。これは、朝廷と諸藩との直接的な結びつきを最も警戒していた幕府にとって許し難い行為だった。とくに直弼は慣例や序列を重んじ、少しでも幕府や徳川家の権威を貶《おとし》める行為に対しては、異常なまでの敵愾心《てきがいしん》を燃やすという傾向がある。

直弼の三男直安が描いた井伊直弼画像（豪徳寺提供）

ここに朝廷と幕府の関係は冷え切り、安政の大獄と後に呼ばれる弾圧が始まる。一橋派の斉昭・慶喜父子、徳川慶勝《よしかつ》、松平春嶽、伊達宗城、山内容堂らは隠居謹慎処分となり、吉田松陰《よしだしょういん》や梅田雲浜《うめだうんぴん》ら草莽《そうもう》の志士たちは、さしたる理由もなく斬罪《ざんざい》に処された。

これは明らかにやりすぎだった。直弼ほどの頭脳の持ち主なら、その反動が、自分と徳川家に降りかかってくることくらい分かるはずだ。しかし直弼は、力ずくで難局を乗り切ろうとした。

安政の大獄の影響は、まず水戸藩に出た。直弼は水戸藩に対して勅書の返納を命じたが、これに賛成する者と反対する者とで水戸家中は二分される。しかも肝心の斉昭が、藩の存続を図るために返納を認めたため、返納反対派、いわゆる天狗党《てんぐとう》の有志たちは脱藩の挙に出る。

水戸藩の力が弱まることは、直弼の思うつぼだった。しかし、何をするために彼らが脱藩したのかまでは、考えていなかったに違いない。

安政七年（一八六〇）三月三日、江戸城桜田門外において、水戸藩脱藩浪士らによって直弼は殺害される。享年は四十六だった。この時、彦根藩士たちは襲撃を予期しておらず、手もなく直弼を討ち取られた。

直弼の死はしばらく秘匿《ひとく》され、後に病死と公表された。幕府の定めでは、大名の横死は家名断絶・領地没収だが、格別の配慮によって彦根藩は救われた。

この時、最後の藩主となる直憲は十三歳だった。

幕政を引き継いだ老中の久世広周と安藤信正は、孝明天皇の妹の和宮《かずのみや》を将軍家茂に降嫁させ、朝廷との融和を図ろうとするが、その代償として、日米修好通商条約の破棄と攘夷実行を約束させられた。ここに幕末の混迷が始まる。

本章の後半では、幕末から明治維新に至る経緯を、彦根藩の視点から追っていきたいと思う。


文久二年（一八六二）四月、薩摩藩主の父・島津久光は、上洛の上、勅使を連れて江戸に下り、慶喜の将軍後見職《こうけんしょく》就任と松平春嶽の政事総裁職《せいじそうさいしょく》就任を幕府に認めさせた。

これにより旧一橋派が幕府の主導権を握り、同年十一月、松平春嶽が中心となった文久の幕政改革が断行される。

この時、直弼の死を秘匿した罪を問われた彦根藩は、十万石を減封され、初代直政以来、譜代筆頭の誇りだった京都守護の任をも解任された。

時代の流れを敏感に感じ取った彦根藩では、勤王派を自称する岡本半介《おかもとはんすけ》（文久二年以前の勤王活動は皆無）が実権を握り、直弼の謀臣だった長野主膳《ながのしゆぜん》と直弼の側用人だった宇津木六之丞《うづきろくのじよう》を斬首刑に処し、佐幕派家老二名を隠居・謹慎させるなどして、旧一橋派への迎合を図ろうとした。ここからの六年間、彦根藩は家格復帰と十万石返還を目指して、涙ぐましい努力を続ける。

文久三年（一八六三）は、江戸湾警衛、大坂・堺《さかい》警衛、御所の守衛、天誅組《てんちゆうぐみ》掃討戦への参陣と四方に兵を出し、元治元年（一八六四）は畿内《きない》各地の警衛、禁門の変への参陣、そして同年十一月には、天狗党の上洛阻止にも出兵し、投降してきた天狗党三百五十二人の斬首刑を執行した。

この時、諸藩が斬首役を拒否する中、彦根藩士たちは競い合うようにして斬首役を買って出た。戦って主の仇《かたき》を取ろうとするならまだしも、斬首役となって恨みを晴らすなど武士として恥ずべきことだが、直弼の横死と、それに続く旧一橋派による弾圧に、藩士たちは怒りの持っていき場を失っていたのだろう。

慶応二年（一八六六）、彦根藩は第二次長州征討に出兵し、芸州口《げいしゆうぐち》の先鋒《せんぽう》に指名される。ところが、この戦いで彦根藩兵は長州藩奇兵隊《きへいたい》に惨敗を喫する。この後、芸州口では、洋式化された紀州藩兵が踏ん張って戦線を維持するが、彦根藩の面目は丸つぶれとなった。

慶応二年末、慶喜が将軍に就任して幕威回復を図ったものの、時代の流れは押しとどめようもなく、慶応三年（一八六七）十月、慶喜は大政を奉還した。

彦根藩兵が先鋒となった芸州口の戦いの地に立つ四境戦争記念碑（山口県和木町）

これにより慶喜は、新政府の中心の座（議定職《ぎじょう》）に就くと思われていた。ところが十二月九日、王政復古の大号令が発せられ、その夜の小御所《こごしょ》会議において、慶喜は辞官納地《じかんのうち》を申し渡される。これにより双方の緊張は高まるが、慶喜は、いきり立つ会津・桑名《くわな》・彦根等の佐幕派諸藩兵をなだめて大坂城に移ったので、武力衝突は回避できたかに思われた。

ところが江戸から急使が入り、庄内《しょうない》藩による薩摩藩邸焼き討ちが知らされ、大坂城内は騒然となった。結局、「討薩表《とうさつひょう》」を掲げた数千の兵が京を目指すことになり、鳥羽・伏見の戦いが勃発《ぼっぱつ》する。

ここで会津・桑名両藩と共に、彦根藩が佐幕派としての意地を貫いていたら、たとえ一敗地にまみれたとしても、井伊直政以来の赤備えは、「武門の誉れ」として長らく語り継がれたことだろう。ところが現実は、そうならなかった。

藩の実権を握る岡本半介が、「徳川氏が政権を返上したのだから、これに従う必要はない。朝廷に忠節を誓おう」と言い出し、その理由として、「南北朝時代には、井伊道政《みちまさ》が宗良親王を奉戴《ほうたい》して戦った実績があり、また藩祖の直政以来、京都守護の任に就き、朝廷を守ってきたのだから、われらは本来、勤王なのだ」という理屈で、藩論をまとめた。

結局、家中にさしたる混乱もなく、また脱藩して旧幕府軍に合流しようという者も現れず、彦根藩は「無条件朝旨遵奉《ちょうしじゅんぽう》」という方針で一決する。二十歳になっていた直憲も、この方針に反対することはなかった。

慶喜を守って大坂に下っていた彦根藩兵は、京都に戻って官軍に加わった。

慶応四年（一八六八）正月に始まった鳥羽・伏見の戦いでは、戦闘には加わらなかったものの、幕府軍の本営のある伏見奉行所を見下ろす位置にある丘を薩摩藩の砲兵隊に提供した上、大津《おおつ》まで出向いて幕府軍の襲来に備えるなどした。

この後、彦根藩は新たな主となった朝廷に忠節を尽くすべく、桑名藩征討の先鋒を申し

登城する井伊直弼の行列は桜田門にさしかかったところで水戸藩浪士の襲撃をうけた（大蘇芳年「安政五戊午年三月三日於テ桜田御門外ニ水府脱士之輩会盟シテ雪中ニ大老彦根侯ヲ襲撃之図」部分、国立国会図書館所蔵）

出て許されるが、桑名家中で藩論が二分して戦わずして開城となったため、功を挙げることができなかった。

その後、東山道鎮撫総督《とうさんどうちんぶそうとく》の指揮下に入った彦根藩は、下総国《しもうさ》の流山《ながれやま》で近藤勇《こんどういさみ》を捕まえるという武勲を挙げ、下野国《しもつけ》の小山宿《おやま》で大鳥圭介《おおとりけいすけ》率いる旧幕府軍伝習隊《でんしゅうたい》と戦い（彦根藩の惨敗）、その後も東北各地を転戦して、会津戦争にも参加する。

かくして官軍として一千三百の兵力で出陣した彦根藩兵は、戦死二十九名、負傷三十三名を出しつつも十一月、彦根に凱旋《がいせん》した。

鳥羽・伏見の戦いの最中に寝返った山城淀藩《やましろよど》（藩主の稲葉正邦《いなばまさくに》は現役の老中）や、藤堂高虎《とうどうたかとら》以来、外様《とざま》として最も優遇されてきた伊勢津藩《いせつ》（藩主は藤堂高猷《たかゆき》）の裏切りの例もあり、彦根藩だけが卑怯者《ひきょう》というわけではないが、徳川家の立場になれば、これまでの大恩を仇《あだ》で返すような行為に、呆《あき》れて物も言えなかったに違いない。

しかし直憲は、この時の武功によって賞典禄《しょうてんろく》二万石を下賜され、伯爵として華族にまで列せられた。

直弼は独裁的で強引な人物だったが、その生き方や政治方針には一貫性があった。しかし次代の直憲は、徳川家や会津藩の助命や減刑を朝廷に嘆願するでもなく、薩長の走狗《そうく》となって、かつての味方と戦ったのは、彦根藩の名誉のためにも残念でならない。

彦根藩は名を捨て、「生き残る」という実を取った。それによって、多くの人々の命が救われたという一面はあるだろう。しかし、そうした卑怯な行為が、歴代藩主の顔に泥を塗ったことも事実なのだ。

指導者というのは、その時代を生きる人々が幸せであればよいというものではなく、過去に生きた人々の名誉も考えた上で決断を下さねばならない。つまり先人たちが懸命に守ってきたもの（この場合は徳川家への忠節や武士の誇り）を、ないがしろにするような判断を下してはならない。

それでも直憲が、彦根藩士や領民のために苦渋の選択をしたのなら、事が終わった後、先祖や父のために腹を切るべきだろう。その行為によって、初めて直政や直弼の名誉回復が図れるはずだ。だがそうしなかったことは、逆に直憲にとって残念でならないのだ。

仙台藩

——東北を戦渦に巻き込んでしまった「眠れる獅子」

仙台城大手門（古絵葉書）。仙台城には天守はなく広大な御殿があった（仙台市歴史民俗資料館提供）

江戸幕府は、幕藩体制をその政治基盤としたことで政権の安定を見た。幕藩体制は幕府を統治機関の頂点に位置付けながらも、親藩・譜代・外様《とざま》に分類された諸大名に独立した統治機構を持たせることで、ある程度の自主性を与え、中央集権的息苦しさから解放した。これにより幕末が近づく頃になると、諸藩の意識は現代の諸外国と同じくらいの距離が生じていた。

ちなみに江戸時代は、領国統治を念頭に置いた「藩」という概念よりも、人的つながりを重視した「家中」という概念が、武士たちの間で浸透していた。本章で取り上げる仙台《せんだい》藩は、実際には「伊達家御家中《だてけごかちゅう》」と呼ばれ、そこに己の拠《よ》って立つアイデンティティがあった。

そうした意識を払拭《ふっしょく》し、軍事面で連携および融合を行おうとした試みこそ、最大時三十一藩が加盟した「奥羽越列藩同盟《おううえつれっぱんどうめい》」である。

結局、この軍事同盟は天皇を頂く新政府軍に対する軍事的劣勢を跳ね返せず、同盟としての方針よりも諸家中の方針が次第に優先されていき、最終的には会津・庄内両藩を見捨てる形で崩壊していくことになる。

その同盟の中心となった仙台藩は、戦国時代の雄・伊達政宗《まさむね》を藩祖とする表高六十二万五千石（諸藩中第三位）の外様大名である。実際の石高は百万石を超えていたとも言われ、まさに東北の盟主と言っても過言ではない大藩だった。

家臣団は、支藩や陪臣の家臣も含めて三万三千余（うち直属軍は七千）で、加賀《かが》藩前田《まえだ》家を凌《しの》いで諸藩中第一位だが、その装備は旧態依然としており、同じく奥羽の雄藩である会津、米沢《よねざわ》、庄内などに比べても見劣りしていた。

仙台藩の弱みは財政難で、天保《てんぽう》の大飢饉《だいききん》の救済策と、同時期の蝦夷《えぞ》地警衛の支出が莫大《ばくだい》なものとなったことで、幕末の藩財政は破綻《はたん》しかけており、それが兵制の近代化を遅らせていた。

第十三代藩主の慶邦《よしくに》は、鳥羽・伏見の戦いが始まる前までは、「公議《こうぎ》政体《せいたい》派」という島津久光、伊達宗城《むねなり》、松平春嶽、山内容堂に近い立場だったが、財政難が足枷《あしかせ》になり、積極的に中央政治にかかわれなかった。しかしそれが、最終的には人脈や情報入手経路のか細さにつながり、仙台藩を窮地に追い込んでいくことになる。

他藩同様、仙台藩の藩論も二分されていた。国元家老の但木《ただき》土佐《とさ》、江戸詰家老の坂英力《さかえいりき》、学者の大槻磐溪《おおつきばんけい》らは佐幕開国派の思想を持ち、これに対して遠藤允信《えんどうさねのぶ》、坂本大炊《さかもとおおい》、桜田良佐《さくらだりようすけ》らは尊王攘夷《じようい》派で、さらに中間派には執政の三好監物《みよしけんもつ》がいた。図体《ずうたい》が大きい分、藩内は百家争鳴の体を成し、あらゆることが後手に回るというのも大藩の常である。これは現代でも同様で、ディシジョン・プロセスが複雑多岐にわたるほど、企業や組織というのは動きが鈍くなる。

幕末の動乱にあって、政局から距離を置いた仙台藩は、諸藩の勤王・佐幕両派から不気味がられ、「眠れる獅子《しし》」のようなイメージを持たれていた。

仙台藩が否応《いやおう》なしに動乱に巻き込まれていくのは、鳥羽・伏見の戦いも終わり、新政府軍が江戸に侵攻しようとしていた矢先の慶応四年（一八六八）一月中旬、太政官代（太政官になるのは翌年）から呼び出しを受け、会津藩追討を命じられてからだった。

国元にいた藩主の伊達慶邦は一月末頃、この命令書を読み、返書として建白書を書かせて太政官代に提出する。内容は、徳川家と会津藩に対して寛大な措置を願ったものだが、それが京都に届いたのは二月末だった。これでは時機を逸しているため、京都にいた執政の三好監物は、独断で握りつぶすことになる。

たとえ建白書が提出されたとしても、事態は変わらなかったかもしれない。だが仙台藩の意思をしっかりと薩長に伝えることで、一目置かれたことは間違いない。結果的に、仙台藩は新政府の命令に唯々諾々と従う大人しい藩というイメージが植え付けられてしまう。

三月、奥羽鎮撫《ちんぶ》総督の九条道孝《くじょうみちたか》一行五百余が仙台入りした。これにより、仙台藩と交渉する新政府の窓口は総督府となり、ほかの窓口が閉ざされる。朝廷への直接の周旋《しゅうせん》活動ができなくなったことはもちろん、親戚《しんせき》筋にあたる宇和島《うわじま》藩主・伊達宗城など新政府側の人脈も生かせなくなった。

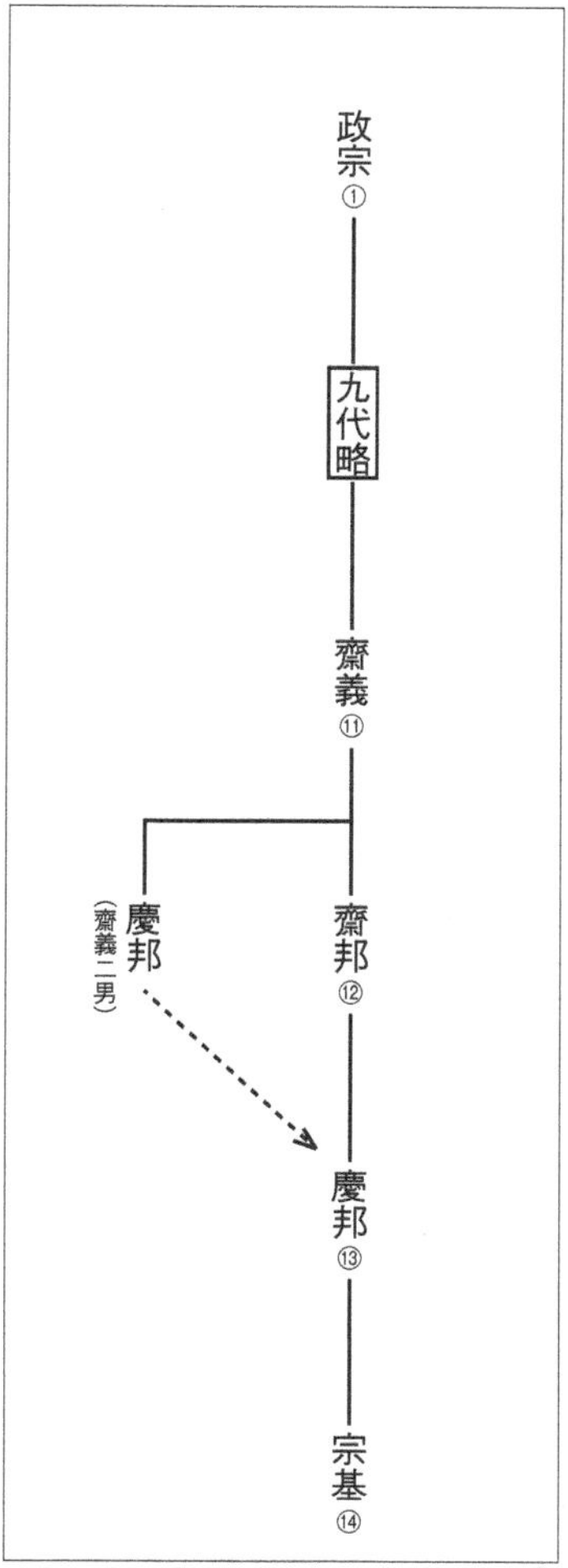

幕末期の伊達氏関係系図

とりあえず仙台藩は、総督府の掲げる「会津藩討伐」の方針に従うことにするが、その実、慶邦は会津藩の赦免を勝ち取るつもりでいた。

総督府の要請に従い、三月末から四月はじめ、慶邦に率いられた一万四千の仙台藩兵は、会津藩境に近い白石《しろいし》城に入った。しかし仙台藩には戦う意思はなく、ひそかに使者を会津藩に派遣し、降伏恭順の根回しを始める。

この結果、会津藩は、仙台藩に交渉を託す形で降伏恭順に応じることに合意した。ただし、減封と藩主父子（松平容保《まつだいらかたもり》・喜徳《のぶのり》）の謹慎には応じるものの、鳥羽・伏見の戦いの首謀者（責任者）を斬首《ざんしゅ》に処し、その首を差し出すことだけは頑として拒んできた。

だが、かつて禁門の変に敗れた長州藩が、家老三人参謀四人の首を差し出すことで赦免を勝ち取ったことを思えば、その例に倣うのも、一つの方法ではなかったか。

仙台藩は会津藩を説得しきれず、話は平行線をたどり、会津藩は「武備恭順」という和戦両様の構えを取ることになった。

致し方なく仙台藩は、上記の条件で総督府に会津藩の赦免を願い出るが、あっさり拒絶される。逆にこの頃から仙台藩では、居丈高な総督府の態度に愛想を尽かし始めていた。それゆえ仙台・米沢両藩の強硬派が、会津・庄内両藩に接近するという流れができつつあった。

歴史というのは、感情が動かしていると言っても過言ではない。この時も仙台藩士の大半が、総督府のやり方に憤懣《ふんまん》やるかたない状態になっており、武力衝突は避け難くなっていった。

この難局に際し、但木土佐らは奥羽諸藩の重臣たちを集め、奥羽諸藩の総意として、会津藩の降伏恭順の嘆願を新政府に認めさせようとした。

この呼び掛けに応じて閏《うるう》四月十一日、白石城に集まった東北二十七藩の重役たちは戦争回避を第一義に掲げ、嘆願書に署名した上、仙台・米沢両藩主を代表として、同月半ば、総督府にこれを提出した。

これを受け取った九条総督は、参謀たちに相談したが、総督府の実権を握る下参謀の薩摩藩士・大山格之助《かくのすけ》（綱良）と長州藩士・世良修蔵《せらしゅうぞう》は、聞く耳を持たない。

結局、この二人の下参謀の頑《かたく》なさが東北各地を戦乱に巻き込んでいくのだが、一概に二人が悪かったとも言いきれない。

とくに世良修蔵は、従来の悪役のイメージとはほど遠い人物で、安井息軒《やすいそっけん》の三計塾《さんけい》の塾頭を務めるといった学究の徒に等しい前半生と、下参謀として仙台に入ってからの横柄な振る舞いは、あまりに落差がある。すなわち、今に伝えられる総督府下参謀時代の世良の姿は、相当に割り引いて考えるべきだろう。

ただし世良は吉田松陰門下でもなく、志士としての実績もないことから、人一倍、功名心が強かったことは確かである。世良は慶応二年の四境《しきょう》戦争や鳥羽・伏見の戦いにおいて、前線指揮官として活躍し、木戸孝允《きどたかよし》（桂小五郎《かつらこごろう》）によって下参謀に抜擢《ばってき》されたのだが、その期待に応《こた》えようと張り切っていたと思われる。

また、東北戊辰戦争が凄惨《せいさん》な結果を招いてしまったことから、新政府側も世良一個にその責任を負わせ、憎悪の連鎖を断とうとしていた節があり、そういう意味で、世良も被害者であろう。

それでは世良と大山の立場で、この一連の交渉を考えてみよう。まず会津藩が「武備恭順」の構えを取っている限り、嘆願を聞き入れるわけにはいかない、という二人の理屈は正しい。

嘆願を聞き入れてほしいなら、先に武装を放棄し、藩主が城を出るくらいのことをすべきだろう。また太政官代の方針が会津討伐で決まっているにもかかわらず、出先機関の下参謀が、それを勝手に覆すことなどできようはずもない。そんな権限など初めから二人にはないのだ。

結局、総督府は仙台・米沢両藩主に会津に討ち入るか、朝敵となるかの二者択一を迫った。これにより面子をつぶされた仙台藩も、和戦両様という何とも中途半端な姿勢に転じざるを得なくなる。

五芒星を染め抜いた奥羽越列藩同盟旗（宮坂考古館所蔵）

事ここに至り、肚《はら》を決めた但木土佐は、仙台藩きっての俊秀・玉《たま》虫《むし》左《さ》大《だ》夫《ゆう》に、列藩同盟の盟約書の起草を命じた。おそらく、これは慶邦の意向だろう。ここが仙台藩にとって大きな岐路になった。
この盟約書こそ、欧米渡航経験もある玉虫

が心血を注いで作成した「北方政権構想」であり、宣戦布告書に等しいものだった。すなわち玉虫は武力革命を否定し、衆議を重んじる民主的政権を奥羽の地に樹立するという理想に燃えていた。この時代、こうした考え方は武士として画期的なことだった。

一方、閏四月十二日に仙台を出発し、奥羽諸藩に会津攻撃の督促をして回っていた世良は十九日、福島宿の金沢屋《かなざわや》に泊まっていた。

この時、すでに奥羽諸藩の間で軍事同盟ができつつあるのを感じ取っていた世良は、大山あての書状をしたためた。その中には、「奥羽諸藩は皆敵と思い、逆襲の大策を練るつもりです」と書かれていた。世良としては、「奥羽諸藩が皆、敵となった場合を想定した策を練っておくつもりです」と言いたかったのだ。

世良は翌日には福島を発《た》ち、江戸にいる西郷隆盛に状況を話し、「逆襲の大策」として、白河《しらかわ》方面への攻撃と庄内酒田《さかた》港への上陸作戦を決行してもらうつもりでいた。

ところが、この密書が仙台藩の手に入ることで、仙台藩過激派は激高し、二十日、世良を襲って殺害した。別説によると、すでに但木土佐から世良暗殺指令が出ており、この書状は後付けだったとも言われる。

世良暗殺に伴い、九条道孝ら総督府の幹部たちも軟禁された。これで開戦は必至となる。

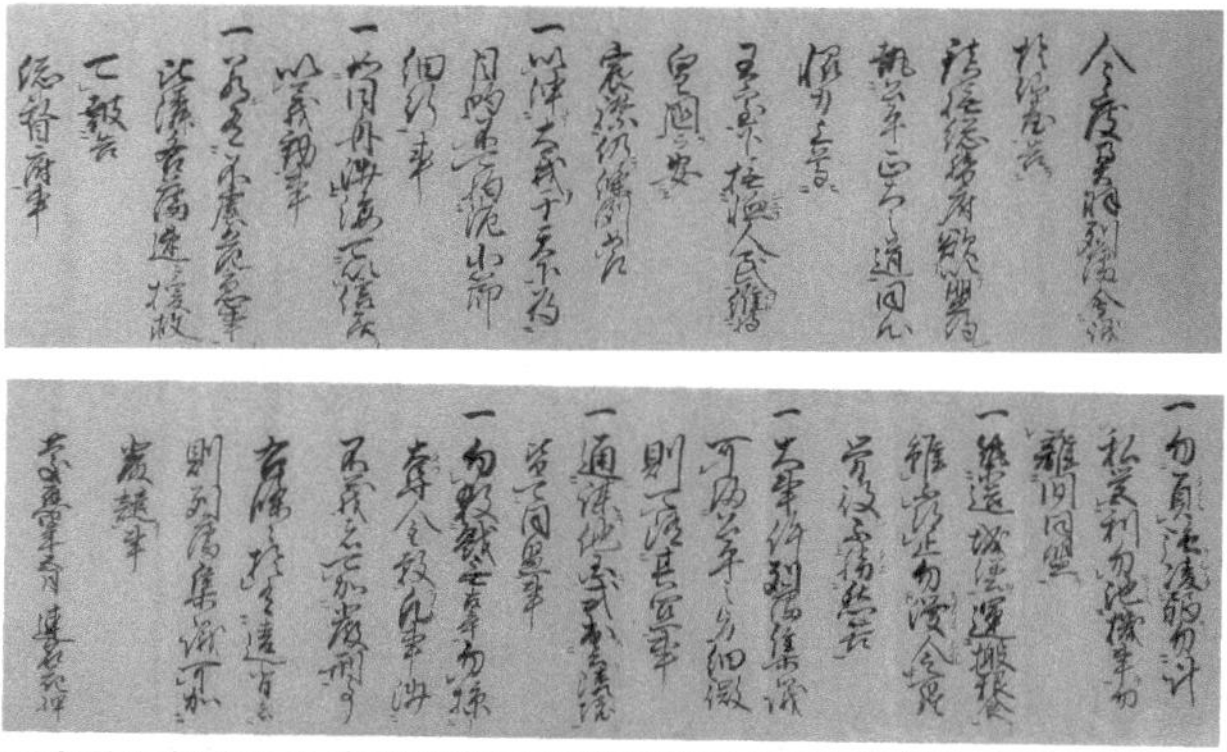

三春藩に伝来した奥羽列藩同盟盟約書写（三春町教育委員会所蔵）

「眠れる獅子」仙台藩が、遂《つい》に目を覚ましたのだ。

列藩同盟の軍事戦略は、まず白河から北に敵を入れないことを第一とし、白河城を奪うと同時に（この時、白河領は二本松《にほんまつ》藩の預地《あずかりち》［所領とほぼ同義］となっていた）、会津藩は、江戸から北上してきた大鳥圭介率いる旧幕府伝習隊と共に日光《にっこう》口から関東に進出し、宇都宮《うつのみや》城を拠点として江戸の新政府軍を駆逐する。さらに越後《えちご》戦線は長岡《ながおか》藩を主力とし、米沢・庄内両藩がこれに協力して敵の侵攻を阻み、あわよくば信濃《しなの》国を経て甲斐《かい》国まで進み、甲府《こうふ》城を占拠して東海道を断つという壮大なものだった。

閏四月二十日、会津藩が白河城を奪うことで東北戊辰戦争の火蓋《ひぶた》が切られた。

二十二日には、奥羽列藩同盟が産声を上げる（正式調印は五月三日）。盟主は仙台藩で、加盟した藩は奥羽二十五藩に及んだ。この同盟には後に北越六藩も加わり、三十一藩による奥羽越列藩同盟へと発展していく。

一方、これを知った新政府は白河口への侵攻を開始する。

閏四月二十五日、白河城外で同盟軍と新政府軍の最初の戦いがあった。これには勝利した同盟軍だったが、五月一日の戦いで惨敗を喫し、いったん奪った白河城を放棄せざるを得なくなる。

実は、これが東北戊辰戦争の山場だった。この日だけで新政府軍の死者は十、負傷は三十八だったのに対し、同盟軍は七百余の戦死者を出した。

この戦いの敗因は、装備の差に尽きると言われるが、果たしてそれだけだろうか。同盟軍とはいえ、諸藩が別々の陣所（砲台）を築き、それぞれの所有する武器で別々に戦うことで、同盟軍は戦術的柔軟性を欠き、各個撃破されるような形で瓦解《がかい》していったのだ。

結局、諸藩軍の融合が進んでいた新政府軍に比べ、家中意識の抜けなかった同盟軍は、名ばかりの軍事同盟の域を出ることはなかったのだ。

この戦いの影響は大きかった。仙台・会津両藩の精鋭の多くが戦死しただけでなく、その戦意までもが、一気に衰えたと言っていいだろう。この後、六月二十日まで、同盟軍は

度重なる攻防戦の舞台となった白河小峰城。現在は三重櫓と前御門が復元されている

四度にわたって白河城奪回作戦を試みるが、ことごとく退けられた。

六月十六日、新政府軍は白河の東部にあたる常陸《ひたち》国の平潟《ひらかた》港に敵前上陸を敢行し、兵員と食料を陸揚げした。さらに白河と平潟の間を扼《やく》していた棚倉《たなぐら》を二十四日に攻略、二十九日には小《お》名《な》浜《はま》、七月十三日には磐城平《いわきたいら》城を陥落させると、二十六日には三《み》春《はる》藩を降伏に追い込んだ。

新政府軍の攻勢を前に、同盟軍は効果的な反撃ができない。というのも、この頃から諸家中の恭順派が勢力を盛り返し、藩論が「お家大事」という方向に変わりつつあったからだ。

八月六日、仙台藩領の南に位置する相馬《そうま》中村《なかむら》藩が降伏し、仙台藩は新政府軍の矢面に立たされた。七日には、相馬中村藩兵を先頭に押し立てた新政府軍と戦う羽目に陥る。九日から十一日にかけて国境での戦いが続くが、仙台藩は押され気味で、十六日と二十日に逆襲を試みたものの失敗に終わった。

さらに八月末、新潟港が新政府軍に制圧され、二本松藩が敗れ、米沢藩が降伏を申し出るに及び、奥羽越列藩同盟は事実上、瓦解する。

同じ頃、ようやく榎本《えのもと》艦隊が松島《まつしま》に到着し、九月三日、榎本はフランス軍人のブリュネらと慶邦に拝謁し、徹底抗戦を勧める。会津戦線で一敗地にまみれた大鳥圭介や土方歳三《ひじかたとしぞう》らも仙台に到着するや、会津藩救援を要請する。

しかし慶邦は、すでに降伏恭順に傾いていた。榎本艦隊の来航がもう少し早かったら、どう転んだか分からないが、時すでに遅かった。

九月十日、最後の反攻作戦が実施されたが、これも失敗し、遂に仙台藩は力尽きた。

慶邦は、かつて尊攘派だった遠藤允信や桜田良佐を復帰させ、新政府との融和の道を探り始める。

九月十五日、仙台藩は正式に降伏し、同月二十二日には会津若松《わかまつ》城も降伏開城する。さらに庄内藩も不敗のまま降伏を受諾し、ここに東北戊辰戦争は終結した。

それでも榎本艦隊は戦意ある者たちを収容し、十月十二日、蝦夷地に向かうことになる。

この中に、仙台藩きっての主戦派で知られた星恂太郎《ほしじゅんたろう》率いる額兵隊《がくへいたい》もいた。額兵隊は約一千の洋式部隊で、行軍時には赤、戦闘時には黒へと替わるリバーシブル・コートを着用し、平時に箱館《はこだて》市内を行進する時は、軍楽隊を伴っていたという。

箱館戦争において、額兵隊は東北戊辰戦争の憂さを晴らすかのように活躍し、新政府軍から「仙台の赤服」と呼ばれて恐れられた。まさに額兵隊が、藩祖・伊達政宗の面目を施したのだ。

仙台藩13代藩主・伊達慶邦（仙台市博物館所蔵）

一方、謹慎処分を下された慶邦・宗敦《むねあつ》父子は東京に護送され、仙台藩は、家禄《かろく》を約三分の一の二十八万石に減封された上で、家名の存続を許された。

首謀者とされた但木土佐らは斬首刑に処され、大政治家に成り得る才を持っていた玉虫左大夫も獄死することになる。その書き残したものを読めば、玉虫の死が、日本国にとって、どれほど痛手だったか分かるはずだ。

東北戊辰戦争を通じて、仙台藩は一千二百余の戦死者を出した。同様に会津藩も二千五百余の戦死者を出しており、戊辰戦争を通じて旧幕府軍側の戦死者が四千六百三十余と言われる中、両藩だけで戦死者の八割を占めたことになる。

幕末における仙台藩の動きを見ていると、いかにこの時代の舵取《かじと》りが難しかったかが分かる。会津・庄内両藩に対する同情、奥羽は自らが仕切っているという責任感、薩長主導の新政府への対抗心などがないまぜになり、結果的に新政府と戦う羽目に陥ってしまうわけだが、天皇を頂いた新政府軍の戦闘意欲の高さや、その最新装備をよく検討もせず、徹底抗戦に踏み出してしまったことは、判断ミスと言わざるを得ないだろう。

戦とは彼我の戦力差や結束力を見極めることから始めるべきであり、そこに勝算が見出《みいだ》せない限り、始めてはならない。

結果論ではなく仙台藩は、奥羽の大小諸藩を取りまとめて非戦中立を貫くべきだったと思う。新政府にとっても仙台藩の存在は不気味であり、仙台藩が「眠れる獅子」を貫くことが、逆に会津藩を惨禍から救うことになったかもしれない。

「眠れる獅子」は抑止力に徹し、決して起きてはならなかったのだ。

加賀藩

——一方の道を閉ざしてしまったことで、墓穴を掘った大藩

天明8年（1788）に再築された石川門。現在は重要文化財に指定されている

戦国時代の雄・前田《まえだ》利家《としいえ》を藩祖とする加賀藩は、本藩が百二万石、支藩の富山《とやま》藩が十万石、同じく大聖寺《だいしょうじ》藩が七万石で、三藩合わせて百十九万石という、途方もない大藩だった。

これだけの藩が万が一、改易にでもなれば、数万を超える浪人を生んでしまう。それゆえ加賀藩の歴代藩主は、幕府から改易されないために細心の注意を払ってきた。とくに徳川家と密な血縁関係を結ぶことで、その距離を縮めることに力を尽くした。

三代藩主利常《としつね》の室は徳川秀忠《ひでただ》の次女を、その間に生まれた四代藩主光高《みつたか》の室には徳川家《いえ》光《みつ》の養女を、その間に生まれた五代藩主綱紀《つなのり》の室には家光の弟の保科正之《ほしなまさゆき》の娘を、といった具合である。

幕末の加賀藩の舵《かじ》を取ることになる十三代藩主の斉泰《なりやす》も、その例に漏れず、十一代将軍家斉《いえなり》の娘を室にしており、当然のように佐幕という立場を取り続けることになる。

ちなみに斉泰は、十三代藩主として文政《ぶんせい》五年（一八二二）から慶応二年（一八六六）まで実に四十四年にわたって藩主の座にあり、独裁的な権力を築いていた。

そうした中、斉泰の息子で世子《せいし》の慶寧《よしやす》は、千秋順之助《せんしゅうじゅんのすけ》という侍講《じこう》（家庭教師）の薫陶《くんとう》を受け、尊王攘夷《じょうい》思想に目覚め始めていた。

加賀藩の夜明けも他藩同様、嘉永六年（一八五三）のペリー来航と言っていいだろう。翌年のペリー再来航により、幕府が米国との間に日米和親条約を締結すると、いよいよ危機感を募らせた斉泰と側近たちは、大砲の鋳造や西洋式砲術の研究に取り掛かる。

日本海に突き出た能登《のと》半島を領国とし、越前《えちぜん》境から越後境までの長い海岸線を持つ加賀藩にとって、軍備の洋式化と海防体制の確立は喫緊《きっきん》の課題である。斉泰も常の大名以上に、洋学や海防に関心があった。

安政年間に入ると、斉泰は洋式兵学校の壮猶館《そうゆうかん》を創設し、鉄砲鋳造所、火薬整合所、台場などを次々と創建していった。しかし、こうした改革も軍事面にとどまり、西国諸藩のように殖産興業化を図っていくまでには至らなかった。というのも加賀藩の財政は火の車で、倹約によって支出を抑制し、それを軍備に当てるしかなかったからだ。

安政五年（一八五八）には日米修好通商条約が締結され、幕府は開国路線をひた走るが、安政七年（一八六〇）三月、江戸城桜田門外で井伊大老が暗殺されることで事態は一変する。これを引き継いだ老中たちは、孝明天皇の妹の和宮を将軍家茂に降嫁させ、朝廷との融和を図ろうとした。しかしその代償として、日米修好通商条約の破棄と攘夷実行を約束させられる。

文久二年（一八六二）四月、薩摩藩主の父・島津久光は率兵上京の上、勅使《ちよくし》を連れて江戸に下り、一橋慶喜の将軍後見職就任と松平春嶽の政事総裁職就任を幕府に認めさせた。

こうした情勢下、幕府は慶寧に意見を具申《ぐしん》させることで、加賀藩を幕政に参与させようとし、また同年十月には、慶寧の娘を会津藩主・松平容保に嫁がせる労を取り、加賀藩の囲い込みに躍起になる。

文久三年（一八六三）一月、一橋慶喜は長州・土佐両藩の圧力に屈し、上洛《じようらく》予定の将軍家茂に攘夷を要請すると約束させられた。結局、将軍家茂も五月十日を攘夷期限とすることに同意する。攘夷決行日の五月十日、長州藩は馬関《ばかん》海峡を通る外国船を砲撃するという挙に出る。これにより一気に事態は緊迫化してくる。

六月、江戸に戻った将軍家茂から加賀藩主・世子父子に江戸出府命令が届く。この命に応《こた》えるか否かで藩内の議論が分裂する。御表方《おんおもてかた》と呼ばれる藩主斉泰の側近は、すぐに出府すべしと主張するが、御側衆《おそばしゆう》と呼ばれる慶寧の側近は反対する。江戸に出府して幕府に従

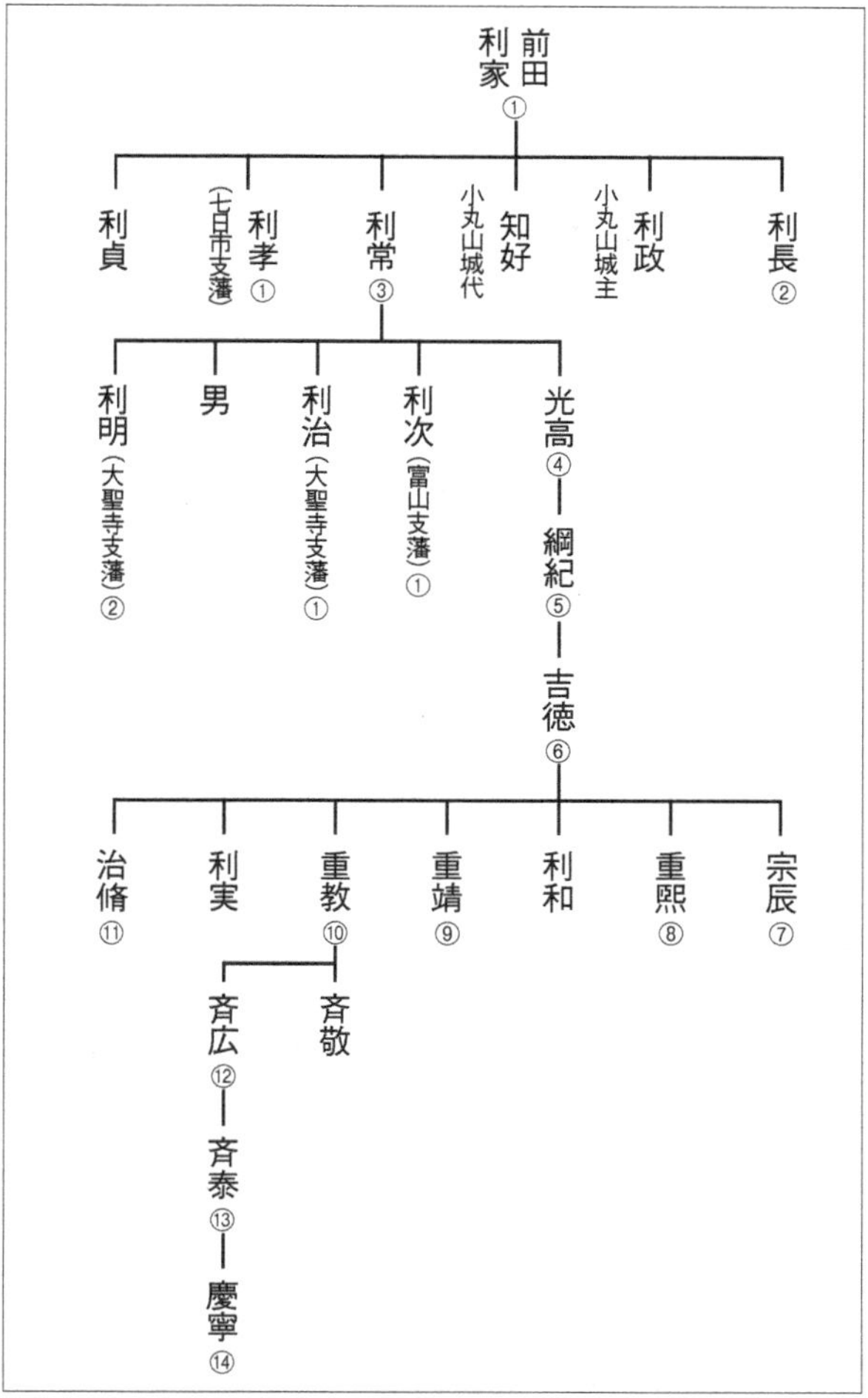
前田利家①
利長②
利政（小丸山城主）
知好（小丸山城代）
利常③
利孝①（七日市支藩）
利貞
光高④
利次（富山支藩）①
利治（大聖寺支藩）①
男
利明（大聖寺支藩）②
綱紀⑤
吉徳⑥
宗辰⑦
重熙⑧
利和
重靖⑨
重教⑩
利実
治脩⑪
斉敬
斉広⑫
斉泰⑬
慶寧⑭

加賀本藩系図

うことは、朝命に背いたとして違勅朝敵の汚名を着せられるからだ。

千秋は、「この命令に従えば、幕府は加賀藩を軍事総裁職に就かせるつもりで、朝廷に対して矢面《やおもて》に立たされる危険がある」と論じた。

結局、斉泰は出府しないという判断を下し、幕府と朝廷（攘夷派公家《くげ》）の間を取り持つという中途半端な方針を掲げることになる。

そんな最中の文久三年八月十八日、京都で政変が勃発《ぼっぱつ》し、京都守護職の会津藩と薩摩藩によって、それまで京都政界を支配していた長州藩勢力が駆逐された。八月十八日の政変である。この政変で長州藩とその与党は、尊攘派公家七人と共に都落ちした（七卿落《しちきょうお》ち）。

これに勢いを得たのが、京都にいる加賀藩筆頭家老の本多政均《ほんだまさちか》である。家老と言っても本多氏は、石高五万石の加賀藩随一の門閥《もんばつ》であり、その家祖の本多政重《まさしげ》が徳川家から派遣されたという経緯から、筋金入りの佐幕派だった。

本多は幕府と朝廷（佐幕派公家）の命を奉じ、藩主斉泰か世子慶寧の上洛を要請するが、斉泰も慶寧も持病が高じて寝込んでいた。これまで加賀藩では、幕府の命でも意に染まなければ平気で仮病を使ってきたが、この時は本当に病気だった。

またこの頃、水面下では、加賀藩尊攘派と長州系浪士との接近が図られていた。その中心を担っていたのが、千秋順之助、不破富太郎《ふわとみたろう》、大野木仲三郎《おおのぎちゆうざぶろう》、青木新三郎《あおきしんざぶろう》といった尊攘派藩士と、その手足となって動いていた下級藩士の福岡惣助《ふくおかそうすけ》や医師の小川幸三《おがわこうぞう》である。

かくして加賀藩の方針は定まらないまま、元治元年（一八六四）が明けていく。

さすがに加賀藩でも再三の上洛要請に応えねばならず、健康を快復した世子の慶寧を行かせることにした。ところが、そうなると御側衆が同行することになり、幕府と長州藩の間の周旋《しゆうせん》とは名ばかりで、長州藩の地位回復に奔走することになる。それを憂えた本多政均ら佐幕派は猛反対するが、それでは加賀藩が、いつまでたっても意見統一できないと見られてしまう。そのため、斉泰は本多の役職を解くという措置に出る。

四月末、「長州征討反対」「攘夷実行」「幕長周旋」を旗印に、慶寧一行は金沢を後にし、五月、京都の本営である建仁寺《けんにんじ》に入った。

この時、京雀の間で流行《はや》った狂歌がある。

おくれながらも　もうこの頃は　ふいと芽を出す　藪《やぶ》の梅

直訳すれば「遅ればせながら、ようやくこの頃になって、突然、芽を出した藪の梅」となる。藪の中に紛れていた梅（加賀藩の家紋）のような加賀藩が、遅ればせながら中央政局に首を突っ込むことになったという意味である。ようやく上洛を果たしたものの、京都では加賀藩に対して、「今更、何だ」という雰囲気が漂っていたのだ。

上洛した慶寧は在京老中や京都所司代を回り、型通りの挨拶《あいさつ》をした。この時、老中から「将軍が京都を留守にしている間の京都警衛を申し付ける」と伝えられた。朝廷筋からも、藩主の斉泰を正三位に叙任《じょにん》するという内示が出された。その理由は、「国事格別尽力」だという。しかし斉泰が、国事に奔走したという事実はない。前年の八月十八日の政変以来、佐幕派公家たちが牛耳る朝廷では、加賀藩を自陣営に取り込むべく、こうしたものを用意していたのだ。

また一橋慶喜の意を受け、建仁寺にやってきた朝廷の使者は、加賀藩内にいる「気概の者」、すなわち長州に同情する攘夷論者たちを取り締まるよう命じた。

これに気分を害した慶寧は、老中に帰国したい旨を伝え、慶喜の面談要請には病を理由に断りを入れた。それでも引き留められていた慶寧とその一行は、六月、衝撃的な事件に遭遇する。

池田屋《いけだや》事件である。

前年の八月十八日の政変によって京洛の地から排除された長州藩は、朝廷への嘆願という名目で上洛の機会をうかがっていた。そんな折、翌元治元年の六月、池田屋事件が勃発し、吉田稔麿《よしだとしまろ》ら三名の藩士と長州藩を支持する浪士たちが、会津藩御預《おあずかり》の新選組《しんせんぐみ》によって殺された。

これを国元で聞いた長州藩遊撃隊《ゆうげきたい》長の来島又兵衛《きじままたべえ》らは、率兵上京の上、軍事力をもって要求を通そうと唱える。

この意見が藩主にも承認され、長州藩は「(孝明帝から謹慎を命じられた)藩主父子の冤罪《えんざい》を雪《すす》ぐ」ことを旗印に、二千余の兵が陸続と上洛の途に就いた。

一方の幕府は、防衛のための兵を伏見まで派遣するよう、加賀藩に要請してきた。

しかし慶寧は、幕府の使者に対して「長州藩が暴発するようなことになれば、即座に兵を出して鎮静に努めるが、今の加賀藩は、朝廷から御所の九口御門外の巡邏《じゅんら》を命じられているので、伏見に出兵することはできない」と突っぱねた。

というのも慶寧と加賀藩は、幕府と長州の衝突を避けるべく、水面下で周旋していたからだ。

まず慶寧は、会津藩主で京都守護職の松平容保に親書を送り、長州藩に対する挑発行為を戒めるや、一方の長州藩京都藩邸へも使者を送り、軽挙を慎むように説得した。さらに禁裏御守衛総督の一橋慶喜の許《もと》には二人の家老を派遣し、長州藩の赦免を求めた。

加賀藩が必死の周旋に努める間も、三手に分かれた長州藩軍は東進を続け、六月末から七月初旬にかけて、京都を取り巻くように布陣した。

両陣営はにらみ合いを続け、一触即発の危機を迎えていた。このままでは、間に入っている形の加賀藩が戦闘に巻き込まれないとも限らない。

どちらにも与《くみ》しないことを基本方針としている加賀藩は、この危機に身の振り方をどうするかで苦慮していた。

そこで出てきたのが「退京策」である。すなわち慶寧と加賀藩兵が京都から撤退することで、双方と距離を置こうというのである。

この策に慶寧も同意し、その許しを国元にいる藩主斉泰に求めた。斉泰も致し方なしとなり、慶寧の京都からの退去が決定する。

それを受けた慶寧は、幕府の在京老中から許可を得たものの、松平容保が許さない。京都守護職の松平容保は、長州藩に対して一貫して厳しい姿勢を取ってきたからだ。

そうなれば長州藩を抑えるしかないということになり、七月八日、慶寧は長州藩京都留《る》

往時の面影をいまに残す金沢市街の武家屋敷跡

守居役《すいやく》の乃美織江《のみおりえ》を建仁寺に呼び出した。しかし乃美は、「騒乱を起こすつもりは毛頭ない」と繰り返すだけだ。乃美のような穏健派は願望としてそう言っているだけで、上洛部隊に対して何の影響力も持たない。幕府も長州も一枚岩ではないのだ。

そんな時、あまりに埒《らち》が明かないことで心労が重なり、慶寧が体調を崩してしまう。

側近の堀四郎左衛門《ほりしろうざえもん》や千秋順之助は、「幕府が許可しているのだから、朝命に背くことにはならない」と考え、ひそかに退京の支度に入った。

ところが、そこに再び斉泰から使者が入り、「幕府の命に従うように」と伝えてきた。そんな最中の十七日、幕府から諸藩に長州追討の命が下り、幕府の姿勢が明確になった。つまり加賀藩に対しては退京を許さず、幕府軍に加われというのだ。

この結果、京都における藩論は二分される。しかし堀と千秋は強引に退京策を推し進め、病床の慶寧を近江国高島郡《たかしま》の今津《いまづ》まで引かせた。今津は加賀藩の飛地である。

無事、今津に到着した慶寧一行だったが、長州藩が大敗を喫したという一報が入り、情勢は一変する。

今津に四日滞在した世子慶寧一行は、湖西を北上して海津《かいづ》に入った。そこで藩主の斉泰から書状が届き、佐幕派の長連恭《ちょうつらやす》を送ったので、そこで待つようにと命じられた。長は大津までやってくると、そこで軍議を催し、「藩主様の命に従い、長州征討に従軍する」と宣言した。

翌日、長は慶寧一行を置いて京都に向かった。

実は、斉泰は慶寧を無視して幕府の在京老中や会津藩に謝罪し、「慶寧は病が重く、やむなく退京させた」と弁明していた。

斉泰は慶寧の病に原因があるとして事を収めようとしたが、会津藩からは「それなら、長州征討に赴くので兵を出されよ」と脅され、やむなく長を派遣したのだ。

いち早く手を打ったので、朝敵の汚名を着ることはなかったが、斉泰の誇りは深く傷つけられ、怒りの矛先は藩内の尊攘派に向けられた。

八月十一日、ようやく慶寧一行は金沢《かなざわ》に向けて、海津を出発する。

その夜、家老の一人である松平大弐《だいに》が切腹して果てた。国に帰れば、勝手に退京したことで誰かが責めを負わねばならず、その前に大弐は、事を収めるために腹を切ったのだ。

一方、上洛した長は長州に向けて出陣するものの、結局、長州藩が三家老四参謀の首を差し出して恭順したため、戦わずして引き揚げることになる。だがこの時、加賀藩が長州藩との密約を踏みにじって幕府方に与したことは、後々まで禍根を残すことになった。

八月中旬、金沢に帰着した慶寧は、父の斉泰から謹慎処分を言い渡される。いかに病で判断力が鈍っていたとはいえ、自分の命を踏みにじった慶寧に対する斉泰の怒りは激しく、このままでは廃嫡ということさえ考えられた。

かくして佐幕という方針で統一された加賀藩内では、尊攘派の粛清が始まる。その急先《きゅうせん》鋒《ぽう》となったのが本多政均である。

政均は、千秋・不破・大野木・青木の尊攘派首魁《しゅかい》四名に切腹を命じるや、医師の小川幸三には刎首《ふんしゅ》を、福岡惣助には生胴《いきどう》の刑を下した。生胴とは、生きたまま胴を断ち切るという、最も凄惨《せいさん》な刑である。強盗殺人の類《たぐい》にしか適用されない極刑を福岡に下したのは、斉泰の怒りが尋常でないことの証《あかし》だった。

また堀四郎左衛門をはじめとする尊攘派の上級家臣も、永牢《えいろう》や流罪となり、尊攘派の息の根は完全に止められた。

他藩でもこの時期、同様の弾圧はあったものの、せいぜい永牢や流罪で済ませ、後に長州藩が息を吹き返した時、彼らの伝手《つて》を使って維新政府内で発言力を持つに至った。だが加賀藩の場合、本多政均が斉泰の命を頑《かたく》なに奉じたため、すべての芽は摘まれてしまった。これが加賀藩にとって大きな岐路だった。

慶応二年（一八六六）四月、斉泰が退隠し、慶寧に家督を譲った。この時、斉泰は五十五歳、慶寧は三十六歳で、遅きに失した感のある家督継承だった。

しかし本多は執政の座に就いたまま、慶寧に実権を譲らず、引き続き幕府支持を貫いていた。ところが慶応四年（一八六八）正月、鳥羽・伏見の戦いが勃発し、その勝敗が決するや、加賀藩は新政府への追従路線に転じる。

その後、北越戦線に兵を出した加賀藩は、それなりの戦果を挙げて面目を施したが、それでも、出遅れた藩の一つという位置付けは変わらなかった。

ちなみに本多政均は、維新後も執政の座に留《とど》まっていたため、明治二年（一八六九）、

金沢市街を一望できる野田山には前田家代々が祀られている

尊攘派の生き残りに暗殺されることになる。他藩の佐幕派家老たちのように、潔く身を引くことをしなかったがために起こった不幸である。

結局、維新の果実は西国雄藩に持っていかれ、加賀藩の有為の材も、明治政府内で頭角を現すことはできなかった。

歴史に「もしも」はないとはいえ、遅くとも八月十八日の政変の前までに、斉泰が慶寧に家督を譲っていれば、長州藩と関係の深かった尊攘派は生き残っており、彼らが政府の高官になることで、加賀藩の次世代が新政府内で顕官の地位に就く機会も多くなったはずだ。例えば、加賀藩の御算用者の優秀さは特筆すべきものがあり（磯田道史氏著『武士の家計簿』参照）、こうした計数に明るい人材が新政府の中枢に入れば、その後の歴史も変わっていたかもしれない。

維新後、加賀藩出身者で大臣級まで進んだ人物はおらず、それが旧加賀藩士の鬱屈《うっくつ》につながり、金沢では、自由民権運動に刺激された政治結社の旗揚げが相次いだ（忠告社《ちゅうこくしゃ》、三《さん》光寺派《こうじは》など）。その結果、最も過激な思想を持っていた三光寺派の島田《しまだ》一郎《いちろう》らが明治十一年（一八七八）、大久保利通暗殺事件（紀尾井坂《きおいざか》の変）を起こしてしまう。

何事も肚《はら》を決めることは大切だ。しかし一方の道を完全に閉ざしてしまっては、もしも賭《か》けに敗れた場合、損失は限りなく大きくなる。最近でも、液晶にすべてを懸けて身を滅ぼした某社の例がある。

幕末という変革期、確かに大藩の舵取りは難しかった。だが、多くの藩士とその家族の将来が懸かっているのだ。結果論ではなく、斉泰は二股《ふたまた》を掛けておくべきだった。しかも加賀藩の場合、会津藩のように長州藩を目の敵にしていたわけではなく、早くから強い紐《ちゅう》帯《たい》があったのだ。

幕末から明治維新にかけて、石高第二位の薩摩藩（支藩を含めて約九十万石）が、公武合体派から倒幕派へと見事な変わり身を見せた中、加賀藩の不器用さは際立っていた。

佐賀藩

——近代国家の礎を築いた「蘭癖《らんぺき》大名」

佐賀城の本丸は現在、資料館として一般公開されている（佐賀県観光連盟提供）

佐賀《さが》藩（肥前藩）の藩主である鍋島《なべしま》家は江戸時代初期、主家の龍造寺《りゅうぞうじ》家を乗っ取る形で藩主の座に収まり、江戸期を通じて三十五万七千石を守り抜いてきた。特筆すべきこともない外様《とざま》藩として徳川の世を過ごした佐賀藩だったが、十代藩主の鍋島閑叟《かんそう》（斉正《なりまさ》）の登場によって、諸藩の中で抜きん出た存在となっていく。

文化十一年（一八一四）十二月、閑叟は、九代藩主・斉直《なりなお》の嫡男として江戸藩邸で生まれた。元服後の初名は斉正だが、明治維新後は直正《なおまさ》と名乗りを変える。

いち早く西洋の科学技術に注目した閑叟は、他藩に先駆けて鉄製大砲や蒸気機関の内製化を成功させた英明な藩主として知られるが、そもそも閑叟が西洋の文物に触れる機会を持てたのは、佐賀藩が長崎御番《ながさきごばん》と呼ばれる長崎港の防備を担っていたからだ。

寛永《かんえい》十七年（一六四〇）、ポルトガル船が通商を求めて長崎に来航する。幕府は前年、第五次鎖国令としてポルトガル船の入港を禁じたばかりだったこともあり、使節一行六十一名を処刑し、鎖国制度が絶対的なものであることを国内外に示した。

この行為には報復が予想された。そのため幕府は翌年、筑前《ちくぜん》藩黒田《くろだ》家に長崎港警備を命じる。これが「長崎御番」である。ところが、筑前藩だけでは負担に耐えられないという泣きが入り、寛永十九年、佐賀藩鍋島家にも「長崎御番」が命じられた。両藩は一年交替で御番を務めることになり、その当番年には、一千余の兵を長崎に駐屯させねばならなくなった。これにより両藩は、藩財政が傾くほどの過大な負担を強いられていく。

それでも百六十年余にわたり、長崎は平穏無事で御番も形式的なものになっていた。その平穏が吹き飛んだのが、文化五年（一八〇八）のイギリス軍艦フェートン号の来航である。イギリスはナポレオンの支配下に入ったオランダと交戦状態になったことで、アジア各地のオランダ商館を接収し、また商船を拿捕《だほ》するなどしていた。その一環として、長崎におけるオランダの権益を取り上げようとしたのだ。

長崎奉行は、この年の当番だった佐賀藩にフェートン号の追い出しを命じるが、オランダ船が帰ったばかりで、佐賀藩兵の大半が帰国しており、すぐに命令に応じられなかった。そのため長崎奉行はフェートン号に水と食料を供給し、なだめすかして帰ってもらった。つまり長崎奉行自ら国禁を犯したのだ。この不始末の責任を取って奉行が切腹したことで、佐賀藩の番頭《ばんがしら》二名も腹を切ることになる。当時の佐賀藩主・斉直は、幕府から百日間の閉《へい》門《もん》（屋敷から出られないこと）に処された。

この事件が起こった時に佐賀藩が当番年だったことで、藩士全員に危機感が行き渡り、それが洋式技術を吸収しようという意欲になって表れていく。

ところが佐賀藩の財政は火の車だった。長崎御番の重い負担はもとより、フェートン号事件の罰則的意味から砲台などを整備させられたこともあるが、最大の原因は藩主斉直の浪費癖にあった。

斉直は、十人にも及ぶ妻妾《さいしょう》との間に四十六人もの子をもうけるほどの艶福《えんぷく》家で、その生活も贅沢《ぜいたく》極まりなく、藩財政など顧みなかった。

こうした父の下《もと》で生まれた閑叟だが、弘道館《こうどうかん》の教授（館長）にして昌平黌《しょうへいこう》の学官（教師）だった古賀穀堂《こがこくどう》から厳しい指導を受け、幼少期から利発さを発揮し始める。

天保元年（一八三〇）、隠居した斉直の後を受けて十七歳で佐賀藩主となった閑叟は、初のお国入りをすることになった。この時、江戸屋敷を出た行列が、どうしたわけか品川《しながわ》宿で足止めを食らった。閑叟が何事かと近臣に問い質《ただ》すと、借金の証文を持った商人たちが押し掛けてきて、身動きが取れなくなっているという。これを聞いた閑叟は「そこまで金がないのか」と慨嘆し、藩財政の立て直しを決意する。

国元に着いた閑叟は帳簿を調べ、経費削減に取り組んだ。自らも範を垂れるべく粗衣粗

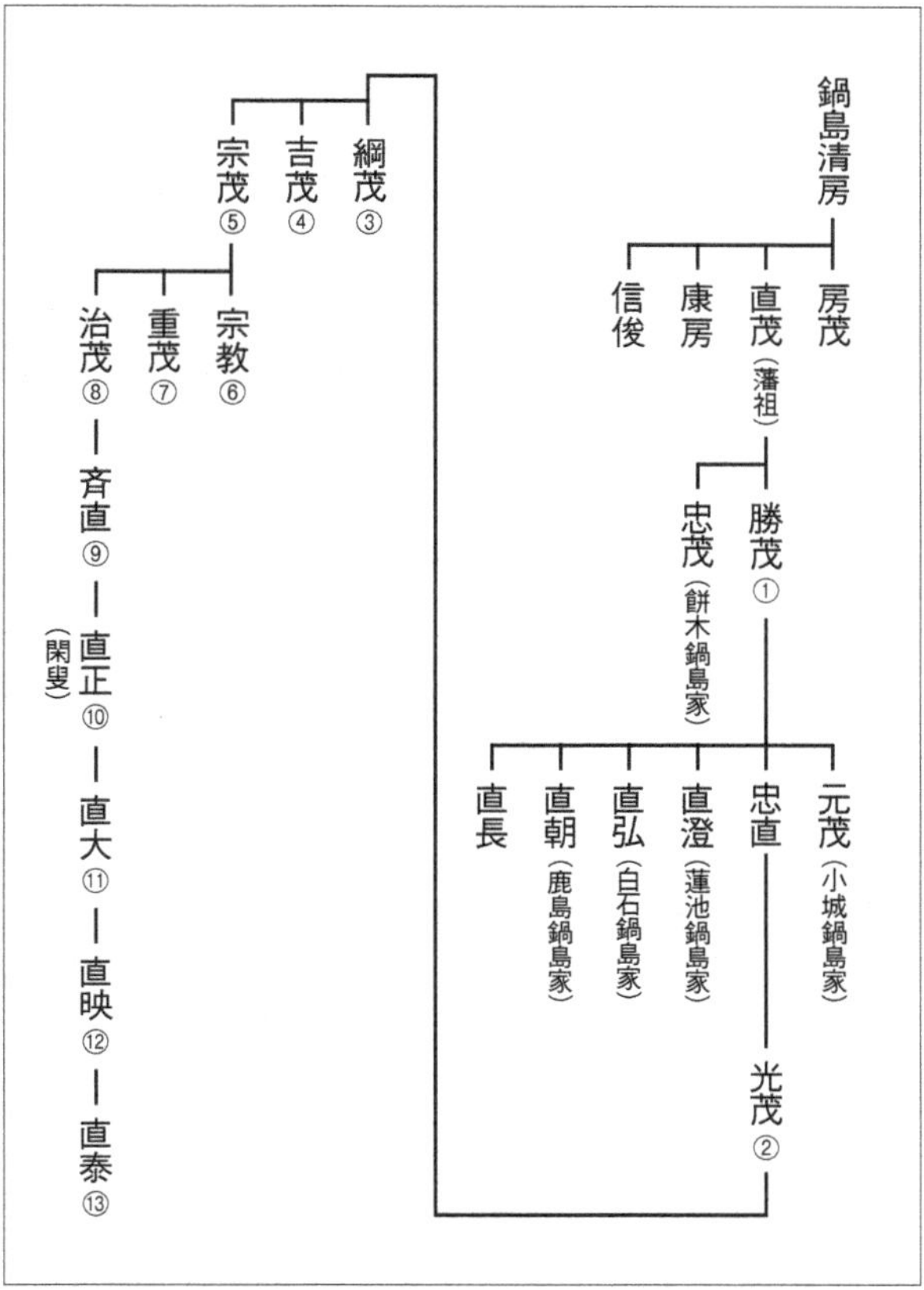

鍋島清房
房茂
直茂（藩祖）
康房
信俊
勝茂①
忠茂（餅木鍋島家）
元茂（小城鍋島家）
忠直
直澄（蓮池鍋島家）
直弘（白石鍋島家）
直朝（鹿島鍋島家）
直長
光茂②
綱茂③
吉茂④
宗茂⑤
宗教⑥
重茂⑦
治茂⑧
斉直⑨
直正⑩（閑叟）
直大⑪
直映⑫
直泰⑬

佐賀藩略系図

食を貫き、懸命に乱脈財政からの脱却を図ろうとした。閑叟は歳出を抑えると同時に歳入を増やすことにも注力し、さかんに新田開発を行い、地主への土地集積を防ぎ（小作ばかりでは生産性が上がらない）、蠟《ろう》・陶磁器・石炭といった特産物の育成に努めた。

その結果、財政は見る見る好転していった。閑叟の藩主時代、実に表高（実質収入）は九十万石に達したという。借金取りに追われていた藩が、閑叟が藩主になって十年余で屈指の富裕藩に変貌《へんぼう》したのだ。

国元入りした閑叟が、経費削減のほかにすぐに行ったことが長崎視察である。二度目の視察の時、ちょうどオランダ商船が入港していると聞き、閑叟は長崎奉行所の許可を得て商船に乗り込んだ。これが閑叟の人生を変える。この経験によって、閑叟は単なる英明な君主から、「蘭癖《らんぺき》大名」となった。

しかし閑叟が並ではないのは、西洋への憧《あこが》れを憧れのままで終わらせず、西洋の科学技術を脅威と考え、日本の国防に危機感を抱いたことだった。

藩主となって三年目の天保三年、閑叟は当時の砲術の泰斗《たいと》である高島秋帆《たかしましゅうはん》の許《もと》に、優秀な藩士を入門させて三年目で高島流砲術を会得させると、それを藩内にも広めるべく、オランダに鉄製カノン砲や臼砲《きゅうほう》を注文した。

天保十三年には、阿片《あへん》戦争に敗れた清国《しん》が、イギリスによって半植民地化されたという情報が入り、佐賀藩以外の諸藩も危機感を募らせ始めていた。

鍋島直正（閑叟）の肖像写真（公益財団法人鍋島報效会所蔵）

諸藩よりも一歩も二歩も先を行く閑叟は、新たな長崎港防衛構想を立案し、防衛線をさらに沖へと広げるよう幕府に勧めた。すなわち湾口の外側にある伊王島《いおうじま》と神ノ島《かみのしま》などに新台場を築き、鉄製大砲百門余を配備するという提案である。ところが、江戸湾防備に力を注がねばならない幕府の反応は鈍い。それに痺《しび》れを切らした閑叟は、島々が佐賀藩領なのをいいことに、自腹で構想を実現することにした。その費用には二十万両もかかったが、閑叟はやり遂げた。これがペリー来航の三年前というから恐れ入る。

閑叟は海外から鉄製大砲を買い入れるだけでは心許ないと思い、弘化《こうか》元年（一八四四）、藩に「火術方《かじゅつ》」を創設し、鉄製大砲の鋳造に乗り出した。それまでの砲は、鉄よりも融点が低く鋳造が容易だった青銅製大砲が主力だったが、強い火薬にも耐えられる（遠くまで飛ばせる）鉄製大砲の導入は海防上、必須《ひっす》である。「火術方」は嘉永五年七月、試行錯誤の末、西洋の鉄製大砲に比肩しうるものを造り上げた。

翌嘉永六年六月、ペリー率いる米国艦隊が江戸湾に来航する。この時、江戸湾が無防備なのを知ったペリーは強硬姿勢を崩さず、江戸湾深くまで侵入すると、長崎に回航してほしいという幕府の要請を無視して江戸湾に居座り続け、遂《つい》に久里浜《くりはま》で国書を渡し、「一年後に国書の回答をもらいに来る」と言い残して去っていった。

江戸湾防衛に不安を抱いた老中の阿部正弘《あべまさひろ》は、ペリーが帰るやすぐに鉄製大砲二百門を佐賀藩に注文した。同時に、英名を謳《うた》われた諸藩主に対策を諮問《しもん》する。この時、閑叟は「断然、打ち払うべし」と声高に強硬な攘夷《じょうい》論を主張した。

開明的な閑叟にしては意外かもしれないが、閑叟は外圧による開国は屈辱的だと思っていた。言うまでもなく、その裏には自藩の軍事力への自信がある。

ペリー来航から一カ月半後の七月、今度はロシア使節のプチャーチンが、艦隊を率いて長崎にやってきた。この時、湾口の島々に台場が造られ、鉄製大砲が配備されていることに驚いたロシア艦隊は、威嚇的な態度を取ることをやめ、終始、紳士的な態度で開国を要求した。つまり佐賀藩が島々に造った砲台が抑止力となったのだ。

老中の阿部正弘から二百門の大砲を注文された閑叟は、納期が確実に守れる五十門の製造だけを請け負い、遅滞なく納品した。その後、諸藩からも注文が殺到し、また幕府は自らも製造技術を会得すべく、技術者を派遣してきた。閑叟は惜しげもなく鉄製大砲の鋳造法を伝授した。それが後に伊豆《いず》韮山《にらやま》反射炉として結実する。

しかし砲台だけでは、長崎港の防衛は万全ではない。閑叟の次の目標は洋式艦隊の編制、そして蒸気機関と蒸気船の内製化に向いた。

閑叟は幕府の「咸臨丸《かんりんまる》」と同型の「電流丸《でんりゅうまる》」を購入すると、長崎海軍伝習所に諸藩から集まった伝習生全員の三十七％に上る四十八人を送り込んだ。また内製化については、すでに「精煉方《せいれん》」という部門が取り組んでおり、実用化に向かって進んでいた。

安政《あんせい》二年（一八五五）八月、精煉方は蒸気機関車と蒸気船の模型を製作し、閑叟に献上した。後に佐賀藩は「凌風丸《りょうふうまる》」という小型蒸気船一隻を建造するが、内製化はそこまでだった。洋式艦隊の編制を急いだこと、幕末の政局が急展開し始めたことで、購入する方針に切り替えたのだ。

さらに幕府の長崎海軍伝習所閉鎖後、閑叟は航海術・造船術・機関術・砲術などの総合的な教育を行うべく、佐賀藩領三重津《みえつ》に御船手稽古所《おふなてけいこしょ》(後の三重津海軍所)を設立した。時代の流れと距離を置き、閑叟と佐賀藩は、独立割拠するかのように洋式化に取り組んでいた。しかし時代の沸騰は、佐賀藩を巻き込まずにはおかない。

幕末諸藩の対外的な軋轢《あつれき》だけ見ても、文久三年(一八六三)五月の長州藩による攘夷実行、それに続く七月の薩英戦争、さらに翌元治元年八月の英米仏蘭四国艦隊下関砲撃事件と、激化の一途をたどっていた。こうした事態に直面した薩長両藩は佐賀藩に支援を求める。閑叟はこれに応《こた》え、極秘裏に大砲や砲弾を送ったという。

その間も時代は激変を続けていた。

前年の八月十八日の政変により、京都から長州藩勢力が駆逐され、会津・薩摩両藩を中心にした公武合体派が政治権力を握った。

翌元治元年(一八六四)七月には、巻き返しを図って上洛《じょうらく》軍を発した長州藩と会津・薩

蒸気船雛形（外輪船）。「凌風丸」の原型といわれる（公益財団法人鍋島報效会所蔵）

摩両藩が御所を舞台に激突し、長州藩は惨敗を喫する。だが、その後に起こった第一次長州征討は中止になり、長州藩は九死に一生を得た。

閑叟は下級藩士の江藤新平《えとうしんぺい》らを使って両陣営の情報収集に努めてはいたが、概して内乱への関心は薄く、ひたすら自藩の洋式化に邁進《まいしん》していた。

慶応二年（一八六六）六月、第二次長州征討が開始されるが、秘密裏に薩摩藩から武器供与を受けていた長州藩軍は粘り強く戦い、幕府が編制した諸藩軍は長州四口で押し返されていた。

このままでは敗色濃厚ということもあり、幕府は七月の将軍家茂の死を契機に、第二次長州征討を中止にする。

同年十二月、新将軍には一橋慶喜が就いたが、その二十日後に、慶喜の庇護《ひご》者的立場にあった孝明天皇が崩御する。そこで慶喜は閑叟を頼りにし、親書を繰り返し送って上洛を促した。政争に巻き込まれたくなかった閑叟だが、新将軍のたっての頼みとあれば致し方ないと覚悟を決め、慶応三年七月、遂に上洛を果たす。だが閑叟は、佐賀藩兵を味方として京都に駐屯させたいという慶喜の底意を見抜き、「長崎警備専念」を念仏のように繰り返した末、さっさと帰国した。

同年十月、閑叟の協力を得られず万策尽きた慶喜は、遂に大政奉還の上表を朝廷に提出する。そして王政復古の大号令から慶喜の辞官納地要請へと、一気に政局は進んでいく。慶喜も一時的に巻き返し、公議政体論が主流になりそうな局面もあったが、結局、慶応四年正月の鳥羽・伏見の戦いで大勢が決し、明治新政府の基盤が固まった。

それ以前から、江藤新平、大隈重信《おおくましげのぶ》、副島種臣《そえじまたねおみ》らを通じて他藩の尊攘派との関係を構築していた佐賀藩は、いち早く新政府軍に付くことができた。

この頃から佐賀藩の主導権は、江藤新平、副島種臣、大隈重信といった志士活動をしていた下級藩士たちが握り始める。江藤は東征大総督府軍監として江戸城開城にも立ち会い、東京遷都論の口火を切るまでになる。

その後、佐賀藩軍はアームストロング砲や七連発スペンサー騎兵銃といった最新兵器を擁して戊辰戦争に従軍する。上野《うえの》戦争、北関東における諸戦闘、会津戦争などでも活躍し、江藤らは新政府における発言力を高めていった。

三月、新政府は閑叟に上洛命令を発し、直ちに議定《ぎじょう》に任命した。一方、藩の参政の座に就いた江藤は辣腕《らつわん》を振るい、七段階の身分制度を二段階にし、俸禄《ほうろく》にも実力・実績主義を徹底した。

江藤の藩政刷新は、まさにレイヤーをなくして藩士を実力に見合った地位に就け、実績に見合った給料を払うという二十一世紀の企業が目指したことと同じだった。いまだこうしたこともできない日本企業が多くある中、江藤の革新性は際立っている。江藤の改革は軍制や財政にまで及び、また産業振興や社会福祉面にも顕著な実績を挙げた。

この頃、東京に居を移した閑叟は木戸孝允らが主導した版籍奉還に従い、藩主から藩知事となり、藩士たちとの主従関係も次第に薄れていった。すでに政治権力は封建領主たちの手を離れ、かつての草莽《そうもう》の志士たちの手に握られていた。それでも閑叟は、右大臣の三《さん》条実美《じょうさねとみ》に次ぐ大納言の地位に就き、武家として最高位を占めることになった。それだけ大久保利通や岩倉具視《いわくらともみ》は、閑叟の能力を高く買っていたのだ。閑叟は江藤を政府に呼び出し、自らのブレーンとした。

封建時代の藩主として唯一、明治政府の首脳陣に加えられた閑叟だったが、体調はよくなかった。かなり前から胃潰瘍《いかいよう》の兆候はあったが、明治三年の後半になってから一段と悪化し、八月には大納言を辞任し、翌明治四年正月、東京の自邸で死去した。享年は五十八。幕末から明治にかけて、日本の近代化の魁《さきがけ》として、休むことなく走り続けた生涯だった。

幕末の佐賀藩は閑叟そのものだった。藩主の意志が末端にまで伝わり、藩士たちは異常な情熱を持って洋式化に取り組んだ。新政府に引き継がれた佐賀藩の人材と洋式化資産が、どれほど日本の近代化に貢献したか分からない。

閑叟は死したが、江藤をはじめとする旧佐賀藩士たちは明治政府の中枢に入り、薩長土三藩に伍《ご》していくようになる。この四藩以外の有能な者たちが不遇をかこち、算盤《そろばん》もろくにできない志士上がりの者たちの風下に置かれていくことに比べれば、佐賀藩は恵まれていたと言えるだろう。江藤は司法卿《きょう》にまで上り詰め、副島や大隈も外務卿や大蔵卿の座に就くことができた。

その後、明治六年の政変で下野した江藤が紆余曲折《うよきょくせつ》の末、佐賀の乱を起こして斬罪梟首《ざんざいきょうしゅ》されることになるが、大隈や副島は江藤の轍《てつ》を踏まず、日本の近代化に貢献していく。天の閑叟は、旧藩士たちの活躍を見ながら、自分のやってきたことが無駄ではなかったと思ったに違いない。

閑叟の指揮の下、佐賀藩が一丸となって近代化に取り組んでいたからこそ、明治日本は、驚くべき速さで西洋列強に比肩するところまで上り詰められたのだ。天はしかるべき時に、しかるべき男を送り込むものである。

庄内藩

――全勝のまま終戦という奇跡を成し遂げた天才児

往時の鶴ヶ岡城大手門（公益財団法人致道博物館提供）

元和《げんな》八年（一六二二）、外様《とざま》五十七万石の山形藩最上《もがみ》家が、お家騒動によって改易《かいえき》に処され、その旧領地の一部となる庄内に、信州松代《しんしゅうまつしろ》より酒井《さかい》忠勝《ただかつ》が十三万八千石で入封《にゅうほう》したのが、庄内藩の始まりである。以後、十二代二百五十年にわたり、酒井家が庄内藩主を務めた。

酒井家は徳川四天王の酒井忠次を始祖とする譜代大名であり、江戸期を通じて、奥羽地方の目付の役割を果たしていく。

庄内藩領は現在の山形県の西北部に位置し、日本海に面している。そのため主要港である酒田は、北前船《きたまえぶね》の寄港地として栄えていた。また庄内平野は江戸時代以前から良米の産地として知られており、庄内藩は豊かなイメージを持たれがちだった。

ところが十七世紀後半、諸経費が増大して藩財政は悪化の一途をたどる。幕府からも頻繁に「御手伝普請《おてつだいぶしん》」を依頼され、財政難に拍車を掛けた。七代藩主・忠徳《ただあり》の時の借金は二十万両に及んだという。

この対策として強引な増租策が取られた。その代表例が、年々の作柄によって年貢高を決める「検見取《けみどり》」から、作柄を考慮せず一定の年貢を納めさせる「定免法《じょうめんほう》」への転換である。これにより庄内藩の財政は幾分か好転したが、農民たちの生活は困窮を極めた。

十八世紀を通じて苛政《かせい》により農地は荒れ果て、農民たちは食うや食わずの生活を強いられた。つまり、ここまでの庄内藩は善政を敷いていたわけではなかった。

藩政府は慢性的な財政悪化を改善すべく、酒田の大商人《おおあきんど》として名を馳《は》せた本間光丘《ほんまみつおか》に財政再建を委託した。この期待に応《こた》えた光丘は様々な手を打ち、藩財政の再建に成功する。

その後、比較的安定した状態が続くものの、文政末年（一八三〇）頃から天保十年（一八三九）頃まで、十年間にわたって続いた天保の大飢饉《ききん》により、領内で餓死者が続出し、欠落逃散《かけおちちょうさん》する農民が相次いだ。それでも飢饉対策が功を奏し、逆に農民から感謝されるほどになる。

そんな最中の天保十一年（一八四〇）、突如、庄内藩を越後長岡へ転封《てんぽう》するという幕命が発せられた。同時に長岡藩主の牧野《まきの》家を川越《かわごえ》へ、川越藩主の松平大和守《まつだいらやまとのかみ》家を庄内へ移すという「三方領知替え」である。この背景には、財政が好転し始めた庄内藩を羨《うらや》んだ川越藩主の松平斉典《なりつね》の画策《かくさく》があった。

何の落ち度もないのに、実質二十一万石から七万四千石へと減封《げんぽう》されるため、藩士たちの間で不満が爆発した。これに驚いた藩政府は鎮静化に努め、長岡への転封を受け入れることにした。幕府に文句を付ければ改易か、さらに不毛な地への転封とされるからだ。

ところが、庄内藩領の農民たちは黙っていなかった。農民の代表は江戸まで赴き、嘆願書を幕府に提出する。そこには「天保の大飢饉を乗りきれたのは、庄内藩酒井家の適切な処置のおかげであり、どうか転封をお取り下げいただきたい」と書かれていた。

幕閣内でも、意味のない「三方領知替え」に反対する声が上がっており、結局、三者の転封は中止となった。それが決定した時の庄内藩士と農民たちの喜びは一方《ひとかた》ではなく、中止を伝える使者が庄内藩領に入るや、後に続く農民は数千に達したという。

天保の大飢饉への対策がうまくいったことと、「三方領知替え」の阻止によって、庄内藩は上下心を一《いつ》にし、幕末へと向かうことになる。

嘉永六年（一八五三）六月、ペリー率いる米国艦隊が江戸湾に来航することで、庄内藩の幕末も始まる。ペリーは強硬な態度で開国を要求し、翌年、国書の返事をもらうと言い残して去っていった。これに危機感を抱いた幕府老中の阿部正弘らは、品川沖に十一の台場を構築することにし、庄内藩に五番台場の守備を命じた。

三方領知替えに反対する一揆の様子を描いた絵巻「夢の浮橋」より「中川通荒屋敷 大より之図」（公益財団法人致道博物館提供）

その一方、ロシアの南下をも恐れる幕府は、蝦夷地の天領をなくして奥州《おうしゅう》の有力六藩に分与することにし、以前から蝦夷地の警備にあたっていた庄内藩にも、所領が与えられた。これにより庄内藩は、品川五番台場の守備から解放される。

こうした外圧により、諸藩は海防の重要性を認識し、海防論が生まれ、それが尊王《そんのう》攘夷《じょうい》思想へと発展していく。一見、尊王と攘夷の両思想は別物だが、水戸藩の藤田《ふじた》東《とう》湖《こ》の尊王思想が外圧から生まれた攘夷思想と合体し、「万世《ばんせい》一系の天皇家を尊ぶことにより、日本国に生まれた者が心を一にし、外敵に当たるべし」という尊王攘夷思想となって、幕末に大流行していった。そこから志士と呼ばれる者たちが生まれ、その闇雲な情熱が明治維新の原動力となっていく。

庄内藩の志士と言えば、まず清河八郎を挙げねばなるまい。

天保元年、清川村《きよかわ》の郷士の息子として生まれた清河は、江戸に出て学問と剣術の両面で頭角を現し、一流の志士として認められていく。いち早く倒幕（まだ討幕ではない）思想に目覚めた清河は、安政七年（一八六〇）三月の桜田門外の変に刺激を受け、活動に本腰を入れ始める。だが幕府から目を付けられ、諸国を転々とせざるを得なくなる。九州に遊説《ゆうぜい》した折には、筑前藩の平野国臣、久留米藩の真木和泉、肥後藩の宮部鼎蔵《みやべていぞう》らと接触し、彼らを触発するという重大な役割を担った。

文久三年（一八六三）二月、清河の発案によって浪士組が編成される。これは将軍家茂が上洛《じょうらく》する際、その警固をするというのが名目の組織だが、上洛するや清河は、「尊王攘夷の魁《さきがけ》たらん」とその目的を変えた。そのため浪士組は、清河と共に江戸に帰る者と京都に残る者に分かれた。残った者たちが、後の新選組となるのは周知の通りである。

ところが肝心の清河が、同年四月に暗殺されてしまう。そのため、清河と共に江戸に帰った浪士組は再編を余儀なくされた。

元治元年（一八六四）十一月、浪士組は庄内藩酒井家御預《おあずかり》の新徴組《しんちょうぐみ》となる。これが後に庄内藩どころか、日本の歴史を変えることになるとは、この時、誰も思わなかったはずだ。

その間も幕末の動乱は、京都を中心に続いていた。文久三年の八月十八日の政変、翌年六月の池田屋事件、そして七月の禁門の変と、時代は尊王攘夷を藩論とする長州藩を、佐幕派と公武合体派諸藩が袋叩《ふくろだた》きにする流れになっていた。

それでも庄内藩は、幕府から江戸市中の取締を託されていたので、京都に進駐することもなく、幕末の動乱から一歩も二歩も引いた形になっていた。

幕閣は京都の治安維持を会津藩に、江戸のそれを庄内藩に託し、それぞれの実働部隊として、新選組と新徴組が存在するという治安維持態勢を構築した。

そんな最中の慶応三年（一八六七）十月、将軍慶喜が大政奉還することで突然、江戸幕府は終焉《しゅうえん》を迎える。これにより、平和裏に新体制へと政権が移譲《いじょう》されるかと思われたが、公武合体派から討幕派に転じた薩摩藩の画策《かくさく》で、新政府の議定《ぎじょう》に就くはずだった慶喜が辞《じ》官納地《かんのうち》を命じられる。

この措置に会津・桑名両藩などの佐幕派は激怒したが、慶喜は彼らをなだめて京都から大坂へと兵を引いた。これで軍事的衝突はなくなり、話し合いによって妥協点を見出《みいだ》すことになるかと思っていた矢先、庄内藩が突如として歴史の表舞台に登場する。

薩長同盟を締結し、朝廷からも「討幕の密勅《みっちょく》」を得て、秘密裏に討幕を画策していた薩摩藩の西郷隆盛や大久保利通は、慶応三年（一八六七）十月の大政奉還によって肩透かしを食らった。このままでは将軍慶喜が新政府の中心に居座り、新政府の財源として期待していた四百三十万石余の徳川家の直轄《ちょっかつ》領も召し上げられなくなる。

そのため西郷らは公家《くげ》の岩倉具視と手を組み、辞官納地を迫るという形で慶喜を追い詰めた。だが、それだけでは足りないと思った西郷らは、江戸での挑発作戦を以前から仕掛けていた。

そもそも江戸の薩摩藩邸には、討幕の口実を作るために西郷が派遣した薩摩藩士や、土佐藩から引き継いだ過激浪士たちがおり、西郷の密命を受けた彼らは関東各地を荒らし回り、江戸の治安を乱すことに専念していた。

十二月二十二日と二十三日には、庄内藩や新徴組の巡邏兵屯所《じゅんらへいとんしょ》に発砲し、挑発行為を繰り広げたが、これが薩摩藩士と同系浪士の仕業だと分かり、庄内藩は憤激する。

江戸詰家老の松平権十郎親懐《ごんじゅうろうちかひろ》と、そのブレーンの菅実秀《すげさねひで》は、薩摩藩邸攻撃を強く主張し、もし許可が下りないなら、江戸市中見回りも無意味なので兵を引き揚げると幕閣に告げた。

二十四日、幕府は庄内藩に薩摩藩邸攻撃を許可し、翌二十五日、庄内藩軍を中心とする約一千の幕府軍は焼き討ちを敢行した。この戦いで、薩摩藩士と浪士合わせて五十人余が討ち取られる。

この情報は大坂城の旧幕府軍にも伝わり、会津・桑名両藩を中心にした強硬派は興奮して開戦を主張したので、慶喜もこれを許可せざるを得なくなった。

慶応四年（一八六八）正月三日、鳥羽・伏見の戦いが勃発《ぼっぱつ》する。ところが、この戦いで旧幕府軍は惨敗を喫し、慶喜は江戸に逃げ帰ってしまう。

七日、朝廷から徳川慶喜追討令が発せられ、庄内藩主の酒井忠篤《ただずみ》は、征討軍に加わるようにという勅書を受けた。つまり薩摩藩邸を焼き討ちしたからといって、この時点で庄内藩は朝敵とされていなかったのだ。

ここから庄内藩が朝敵とされるまでの経緯は複雑なのだが、まず十日、朝廷は徳川家の天領を直轄地とする布告を出す。ところが旧幕府の老中たちはそれを無視し、新徴組の扶持《ふち》分や江戸市中取締の役料として、天領の出羽《でわ》国村山《むらやま》郡七万四千石を庄内藩の預地《あずかりち》とする。

三月五日、庄内藩は謹《つつし》んでこれを拝領する。ここが庄内藩の大きな岐路だった。

この間、朝敵とされなかったことを幸いに、藩主の酒井忠篤は慶喜の寛典《かんてん》を嘆願していた。おそらく忠篤は、新政府に恭順していくつもりでいたに違いない。

一方、問題の発端となる村山郡は二重支配となり、代官どうしが鉢合わせすることになった。そこで庄内藩の代官は、「前年度の貢租米《こうそ》は幕府のものなので、われらに受け取る権利がある」と言い張り、備蓄されていた二万三千俵を酒田まで回漕《かいそう》してしまう。理屈は合っているが、これでは難癖を付けて庄内藩を朝敵にしようとしている薩長両藩の思うつぼだ。

四月二日、新政府の奥羽鎮撫《ちんぶ》総督の九条道孝は庄内藩を朝敵とし、副総督の沢為量《さわためかず》を討《とう》庄《しょう》軍の主将に任命し、周辺諸藩に参陣を命じた。

庄内藩としては全く心外で、藩論は一気に徹底抗戦へと傾いていく。折しも奥羽越列藩同盟締結の動きが加速してきており、庄内藩も同盟に加わり、新政府軍と戦うという選択をする。

二十四日、新政府の討庄軍が清川口から庄内藩領に侵攻することで、戦闘が開始された。当初、敵の砲撃に苦戦を強いられた庄内藩軍だったが、農兵を敵の背後に回らせるなどして、最後には新政府軍を潰走《かいそう》させた。

閏《うるう》四月四日の天童《てんどう》藩二万石を中心とした新政府軍との戦いでは、酒井《さかい》玄蕃《げんば》隊を先頭にした庄内藩軍が最上川を強行渡河し、天童城を落城に追い込んだ。この戦いから、後に「鬼玄蕃」の異名を取ることになる酒井玄蕃了恒《のりつね》の活躍が始まる。

庄内藩主酒井家に連なる酒井吉之丞《きちのじょう》家に生まれた玄蕃は、天保十三年（一八四二）の生まれで、戊辰戦争の始まった慶応四年には、まだ二十七歳だった。しかも玄蕃は細面の美青年で、控えめな性格の上に体格も人に秀でていたわけではない。

ところが玄蕃は、天才と呼ぶにふさわしい軍事的才能を秘めていた。

新政府軍は諸藩軍の連合体なので、それぞれ離れた場所に陣所を設けることが多い。玄蕃はそこを突き、まず装備が旧式で弱い敵を叩き、薩長両藩などの強敵が慌てて駆け付けてくれば兵を引き、敵が深追いしてくるのを待ち、有利な地形に誘い込んで包囲殲滅《せんめつ》するという戦法を取った。

まさに敵の弱みを突き、地の利を生かしたセオリー通りの戦術なのだが、これを計画通りに実行し、成功させるのは容易でない。戦いの状況は個々に違えど、これに近い形で玄蕃は敵を翻弄《ほんろう》し、その後の局地戦でも連戦連勝を重ねていく。

五月三日には「奥羽列藩同盟」が正式に結成され、六日には「奥羽越列藩同盟」へと発展する。ところが同盟諸藩の中から、新政府側へと寝返る藩が続出し、庄内藩は事態の打開を図るべく、積極的に動くことにする。

敵に痛打を与えるためには、どこかの戦線に全兵力を注ぎ込まねばならない。執政の松平権十郎は白河奪還を、別の者は越後進出を主張したが、玄蕃は新庄《しんじょう》・秋田方面への侵攻を唱えた。玄蕃は装備が旧式の新庄・秋田両藩を叩き、「庄内藩強し」を敵に印象付け、それを抑止力にしようと思っていた。

議論は紛糾したが、松平権十郎の意見が通り、策は白河奪還で決まる。ところが新庄・秋田両藩が、庄内藩領へ進出してくる気配を示したため、方針を転換して北へと兵を向けることになった。玄蕃の思惑通りである。

七月十三日、新庄藩軍を破った庄内藩軍は翌日、新庄城攻撃に移った。玄蕃は迂回《うかい》部隊を率い、敵が正面軍に気を取られている隙に、背後から襲い掛かって落城に追い込んだ。

羽州《うしゅう》街道を北上した庄内藩軍は、立ちはだかる秋田藩軍の防衛線を次々と突破し、八月十一日、秋田藩の本拠・横手《よこて》城を攻略した。この時も、搦手《からめて》攻撃隊を率いた玄蕃の活躍は傑出していた。

十三日には大曲《おおまがり》の南の角間《かくま》川河畔で戦いがあったが、敵は玄蕃隊の旗である「七星旗《しちせいき》」

を目にしただけで敗走した。庄内藩軍はさらに深く攻め入り、九月十一日、鎮撫総督府討庄軍の本営がある神宮寺《じんぐうじ》を攻撃する。

この頃になると、敵には戦慣れした西国諸藩の補充部隊が多く加わってきており、さすがの玄蕃も苦戦を強いられる。だが、そこは玄蕃である。この戦いにも何とか勝利を収めた。

酒井玄蕃肖像。庄内藩二番隊を率い、鬼玄蕃として敵軍に怖れられた（公益財団法人致道博物館提供）

玄蕃と庄内藩軍の活躍がどれほど凄《すご》いかは、二本松藩や会津藩がなすところなく敗れ、また最新装備の大鳥圭介の伝習隊や古屋佐久左衛門《ふるやさくざえもん》の衝鋒隊《しょうほうたい》が苦戦を強いられたことからも分かるはずだ。

だが同盟軍の情勢は悪化の一途をたどっていた。玄蕃は「領国を守りつつ、有利な和睦《わぼく》条件を引き出すしかない」と決意し、庄内藩領への撤退に移る。そのためには最後の一戦を行い、敵に追撃をあきらめさせねばならない。

それが、九月十五日から十七日にわたって行われた刈和野《かりわの》の戦いである。この戦いで秋田藩軍を中心とした新政府軍を破り、刈和野を占領した庄内藩軍は、凱歌《がいか》を揚げながら庄内に帰還した。

しかし藩主の酒井忠篤は、すでに十六日に降伏を決めており、帰還してきた将兵の労をねぎらった後、藩軍を解散させ、二十七日、本拠の鶴ヶ岡《つるがおか》城を新政府軍に明け渡す。

玄蕃の戦いは終わった。

世の中に軍事的天才と呼ばれる者は多いが、劣勢の時に奇跡的な戦いを続けた者こそ、そう呼ぶに値する。盤石《ばんじゃく》の鎌倉幕府を奇策によって翻弄した楠木正成《くすのきまさしげ》、織田信長《おだのぶなが》急死後の北陸戦線を一手に支えた佐久間盛政《さくまもりまさ》、大坂の陣で奮戦した真田信繁《さなだのぶしげ》、そして幕末庄内藩の酒井玄蕃こそ、軍事的天才と呼ぶに値するだろう。

その後、庄内藩は五万石を削減されたが、西郷隆盛の配慮により、大泉《おおいずみ》藩と名を変えて庄内にとどまることを許された。

維新後、玄蕃は大泉県参事を経て兵部《ひょうぶ》省に出仕するが、明治九年（一八七六）、肺病を

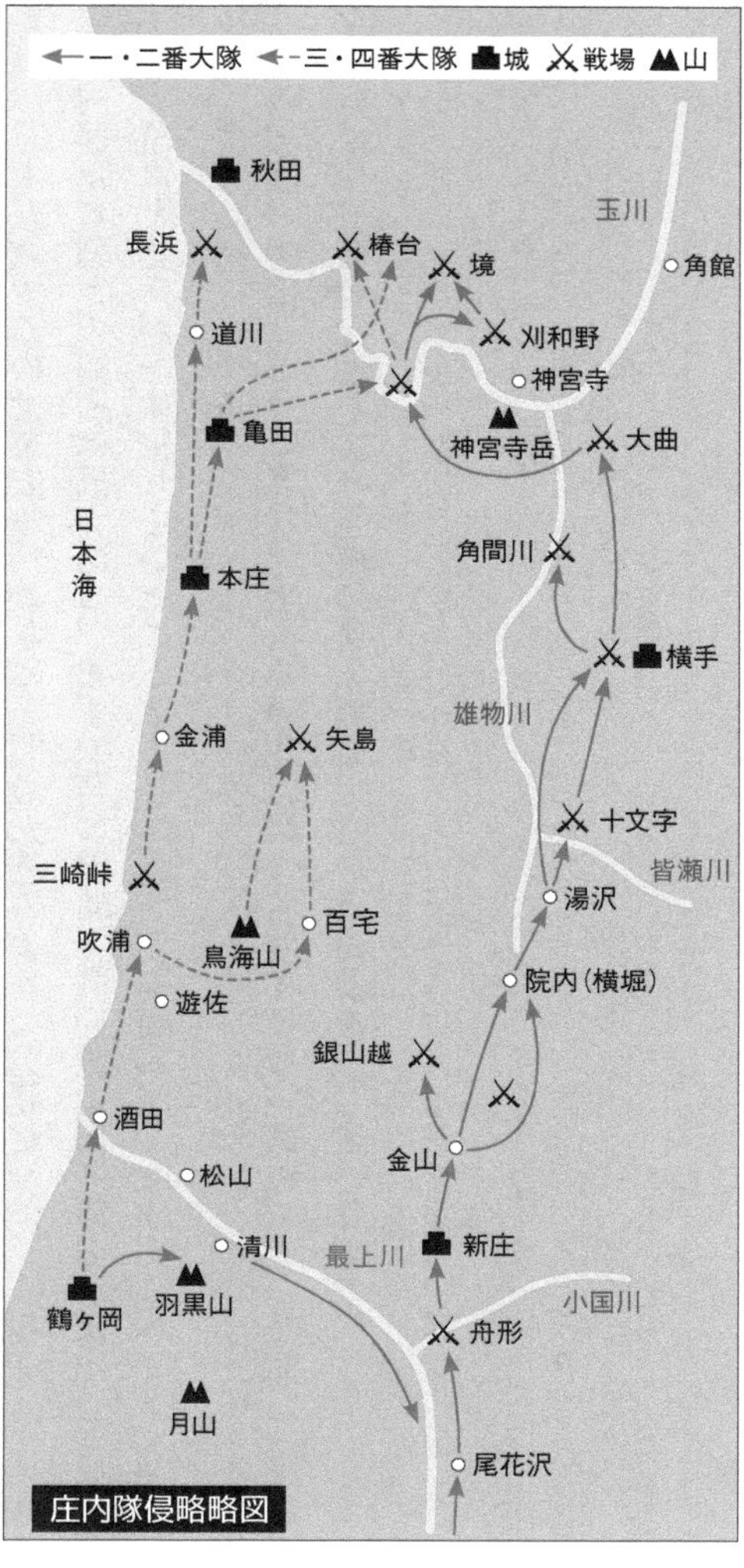

庄内隊侵略略図

患い、三十五歳でこの世を去る。まさに一閃《いっせん》の光芒《こうぼう》のような生涯だった。

庄内藩軍の強さの秘密は三つある。まず玄蕃の戦略・戦術眼と指揮能力が傑出していたこと。藩軍と農兵が一体化していたこと。そして豪商の本間家が、財政的にバックアップしていたことだ。

この三位一体化した力により、始祖の酒井忠次の名に恥じない武辺ぶりを発揮した庄内藩軍は、戊辰戦争を通じて「全勝のまま終戦」という奇跡を成し遂げたのだ。

請西藩《じょうざい》

――「一寸の虫にも五分の魂」を実践した脱藩大名

1999年3月頃に撮影された真武根陣屋（請西陣屋）跡の風景
（木更津市郷土博物館金のすず提供）

志士顔負けの公家《くげ》といえば、天誅組《てんちゅうぐみ》を結成して暴れ回った中山忠光《なかやまただみつ》だが、脱藩大名といえば、三百諸侯の中でも請西藩の林忠崇《はやしただたか》を措《お》いてほかにいない。中山忠光は二十歳で殺されたが、忠崇は九十四年の天寿を全うし、「最後の大名」という栄誉まで手にした。

歴史というのは実に面白い。徳川家と重代相恩の間柄にある大名たちの多くが早々に白旗を掲げ、薩長の新政府に頭《こうべ》を垂れる中、わずか一万石ぎりぎりの大名が、徳川家への忠節を誓い、まさに「一寸の虫にも五分の魂」を実践するのだ。

その情熱はどこから来たのだろうか。

請西藩は、上総国望陀郡《かずさのくにもうだぐん》請西村間舟台《まふねだい》（現・千葉県木更津市《きさらづし》）にあった一万石の小藩である。当主の林家は、かつての信濃国の守護大名・小笠原家《おがさわらけ》に連なる血筋で、信州松本《まつもと》の林郷に住んでいたことから林姓を名乗ることになったという。

この小笠原氏系林氏は、その伝承によると、徳川家康からさかのぼること八代の松平親氏《まつだいらちかうじ》の頃からの家臣だったという。

室町幕府六代将軍・足利義教《あしかがよしのり》の時代のことである。林家当主の光政《みつまさ》は鎌倉公方・足利持氏《もちうじ》の許《もと》に出仕していたが、そこで世良田有親《せらだありちか》・親氏父子と親しくなった。だが、些細《ささい》なことから光政は持氏の不興を買い、林郷に蟄居《ちっきょ》謹慎を命じられた。

ところが永享《えいきょう》十年（一四三八）に永享の乱が勃発《ぼっぱつ》し、翌十一年十二月、持氏に味方して敗れた世良田父子が、林郷に逃げ込んできた。光政は父子を匿《かくま》ったが、謹慎の身なので日々の食べ物にも事欠く始末である。しかし正月には、それなりのもので饗応《きょうおう》したい。そこで光政自ら兎を狩り、それを吸い物にして父子に出した。これを食べた父子は、光政の思いやりに深く感謝したという。

その後、復権した親氏は三河《みかわ》国の一部を治めるようになるが、窮地を救ってくれた光政に深く感謝し、侍大将として迎え入れた。親氏は光政の恩を忘れないために、元旦《がんたん》の宴《うたげ》の折には、家臣の誰よりも先に林家の当主に兎の吸い物と盃《さかずき》を与えるのをならわしとした。これが林家の誇りである「献兎賜盃《けんとしはい》」である。

江戸幕府創設後、正月の恒例《こうれい》行事として、林家は五羽の兎を吸い物とし、将軍家はもとより、年賀のために登城してきた御三家と諸大名にこれを振る舞い、さらに林家当主は、諸侯に先駆けて時の将軍から盃を受けるという習慣が定着した。

たったこれだけのことだが、それが林家歴代当主にとって、どれほどの栄誉だったかは想像もつかない。たった一万石の藩が、正月だけは別格の扱いを受けるのだ。それゆえ、林家伝来の甲冑《かっちゅう》は「銀色兎の前立」付きの兜《かぶと》と、「兎胴丸拵《うさぎどうまるごしらえ》」で、自家を繁栄に導いた兎に対する思いが、いかに強かったかを物語っている。

父祖からこの話を聞かされていたに違いない忠崇も、それを誇りにして育ったはずだ。当主となってからは、自分が「献兎賜盃」を受ける日を指折り数えていたかもしれない。

慶応三年（一八六七）六月、二十三歳で急死した叔父《おじ》の忠交《ただかた》の跡を継ぎ、三代請西藩主となったのが二十歳の忠崇である。三代目といっても、その前から林家は貝淵《かいふち》藩一万石の当主だったので、陣屋を間舟台に移して請西藩と名を変えてから、忠崇が三代目ということだ。

忠崇が家督を継いでから、わずか四カ月の同年十月、将軍慶喜が突如として大政を奉還する。慶喜が正式に将軍職を返上するのは、十二月九日なので、これで将軍としての年賀の儀は行われず、忠崇は一度も「献兎賜盃」の栄誉に与《あずか》れない請西藩主となった。

この時、忠崇が何を思ったかは分からない。だが江戸城に参上した忠崇は、「一命をなげうち、粉骨砕身つかまつり候」（『一夢《いちむ》林翁《はやしおう》手稿戊辰出陣記』）と徳川家に忠節を尽くすことを表明した。

この時、江戸城に集まった大名や旗本たちは、「武力衝突はないだろう」「あったとしても上方のことだ」などと希望的観測を語り合っていたが、忠崇だけはやる気満々だった。

林忠崇肖像。幕府のために藩主自ら脱藩し、遊撃隊に参加した（木更津市郷土博物館金のすず提供）

明けて慶応四年（一八六八）正月、鳥羽・伏見の戦いが勃発し、旧幕府軍は惨敗を喫する。これにより楽観論は影を潜め、江戸城内は大混乱に陥る。

だが忠崇は、慶喜が

大坂城で籠城《ろうじよう》戦を行うと信じ、大坂に向かう決意をする。しかし武器や船の手配をしている間に、慶喜が江戸に逃げ帰ってきてしまう。

正月十四日、江戸城に戻った忠崇は徹底抗戦を叫ぶが、二月になると、慶喜は「謹慎恭順」を宣言し、上野寛永寺《かんえいじ》に籠《こも》ってしまった。これでは戦いたくても戦えない。

三月七日、忠崇はいったん請西村の陣屋に戻り、形勢を観望することにした。ところが、すでに新政府軍は江戸に向かって進軍を開始しており、強硬派の旗本たちとの戦いは必至の情勢となりつつあった。

忠崇は徹底抗戦の肚《はら》を固めていたが、七十人余の家臣の中には恭順を説く者もいる。在京している老臣からは、「即刻、上京し、帝《みかど》に忠節を尽くすべし」と言ってくる。だが請西藩は、なけなしの金を使って武器を買ってしまったため、上京費用を捻出《ねんしゆつ》できない。そんな議論を続けているうちに、江戸に新政府軍が迫ってきた。

結局、四月十一日、江戸城は平和裏に開城となるが、その前後に主戦派の幕臣たちは各地に散っていった。

その一つである撒兵隊《さつぺいたい》三千が、請西藩のある木更津にやってきたのは、その数日後のことだった。撒兵隊は請西藩に共闘を申し入れ、忠崇も快諾する。ところが撒兵隊士は統制が取れておらず、請西藩領の農民に対して略奪や暴行を働いた。

忠崇が撤兵隊との共闘を考え直そうとしている矢先の二十八日、別の部隊が現れた。人《ひと》見《み》勝《かつ》太《た》郎《ろう》と伊《い》庭《ば》八《はち》郎《ろう》率いる遊撃隊である。遊撃隊は三十人余にすぎなかったが、講《こう》武《ぶ》所《しょ》の教授たちが中心となっているだけあり、礼儀正しく信頼が置けそうだった。

人見と伊庭は二人そろって眉《び》目《もく》秀麗な若者で、鳥羽・伏見の戦いでの奮戦ぶりが江戸にも聞こえてきており、忠崇にとって憧《しょう》憬《けい》の的だった。

後年、忠崇はこう語っている。

「伊庭は義勇の人、人見は智勇の人。二人とも立派な人物だと思ったから、これにおっかぶさったのだ」

意気投合した三人は軍議を開き、船を仕立てて相《さ》模《がみ》国の真《ま》鶴《なづる》に上陸し、小《お》田《だ》原《わら》藩と韮山代官所の力を借りて戦おうということになった。箱《はこ》根《ね》の天険を利用して東海道を分断するという策は、この時点では、ほかのどの策よりも的を射ている。

閏《うるう》四月三日早朝、忠崇と請西藩士五十九人は意気揚々と陣屋を出陣した。これにより忠崇は脱藩大名となり、それが後々まで彼の人生を左右することになる。

遊撃隊と合体した忠崇らは前《まえ》橋《ばし》藩の富《ふっ》津《つ》陣屋を訪れて協力を要請し、大砲や小銃はもとより兵員まで出してもらった。続いて館山《たてやま》藩からも援軍を得て、忠崇の部隊だけで百七十名余に膨れ上がった。

館山藩の協力によって渡海の支度も整い、忠崇らは江戸湾から相模湾へと船出し、真鶴に到着した。

事前の計画通り、忠崇は小田原に向かい、小田原藩大久保《おおくぼ》家十一万三千石に共闘を申し入れる。ところが藩主の忠礼《ただのり》は忠崇に会おうとせず、家老を出して適当にあしらわせた。小田原藩は、どちらに付くべきか決めかねていたのだ。

明確な返答を得られなかった忠崇は、致し方なく韮山代官所に向かった。

韮山代官所は、反射炉を造って鉄砲を鋳造した江川《えがわ》太郎左衛門《ろうざえもん》英龍《ひでたつ》が門人四千人余を擁し、二十六万石もの預地《あずかりち》を旧幕府から託されている中堅大名同然の代官所である。もちろん洋式化部隊もある。

ところが英龍とその後継の英敏《ひでとし》は死に、跡を継いだ英武《ひでたけ》は少年で話にならない。結局、家老たちに煙《けむ》に巻かれ、忠崇は「甚だ失望したり」と日記に記している。

忠崇からこの報告を聞いた人見や伊庭は方針を変更し、甲府城を乗っ取ることで一決し、甲斐国南部の黒駒《くろこま》まで進出した。

ここで人見と伊庭は隊の再編制を行った。これまで遊撃隊とは別組織だった請西藩軍は、遊撃隊第四軍とされ、忠崇の配下は旧請西藩士五十八名だけになった（一名は病死）。

遊撃隊唯一の大名として、人見と伊庭から尊重されていた忠崇だったが、いつまでも殿様扱いしているわけにもいかず、体よく同格の隊長とされたのだ。これにより人見と伊庭の二人は隊の指揮権を掌握した。

五月一日、甲府城に向かった遊撃隊だが、その途次、甲府城代の使者が現れ、「江戸で彰義隊《しょうぎたい》が集結し、新政府軍と衝突しようとしている」と伝えてきた。確かに、街道筋でもない甲府城を奪取しても、さほど意味はない。それなら敵の補給を分断し、彰義隊を支援する方がよいとなり、いったん沼津《ぬまづ》に向かった。

ところが沼津に着いた十七日、二日前の十五日に上野で大戦争があったとの一報が届く。結果までは分からなかったが、人見たちは、いち早く動いて戦局を有利に運ぼうとした。

十九日未明、人見率いる遊撃隊第一軍と和多田貢《わただみつぐ》率いる第三軍は、箱根関所の占拠を目指して沼津を進発した。忠崇の第四軍は沼津に控えた。控えたと言えば聞こえはいいが、実は人見たちの抜け駆けが、忠崇に知らされていなかったのだ。

この一事をもってしても、忠崇が隊内で「困った人」になりつつあるのが分かる。黒駒での隊の再編制で百七十余の兵を旧請西藩士だけの五十八に減らされたことといい、ここで置き去りにされてしまったことといい、忠崇の位置付けが分かる。

ところが、常の人なら臍《へそ》を曲げてしまうところだが、忠崇は純粋である。すぐに両軍の跡を追いかけた。

面白いのは伊庭の第二軍や第五軍も、おいてきぼりを食らったことだ。その点、忠崇だけが仲間外れにされたわけではないが、最後尾が忠崇の第四軍にされたのは、訓練が行き届いていない旧請西藩兵が、やはり人見たちの重荷になっていたからだろう。

箱根関所では小田原藩兵三百が守備に就いていた。旗幟《きし》不鮮明ながら小田原藩は関所を明け渡すつもりはなく、夕刻から砲戦が始まった。ところが翌二十日未明、小田原藩が佐幕と決定し、遊撃隊に関所を明け渡した。戦闘中の双方が突然、友軍に変わるという奇妙な現象が起こるのも、幕末ならではだ。

その後、忠崇らは小田原城に入り、大いに歓待されるが、江戸から戻った小田原藩士が彰義隊の壊滅を伝えるや、ひそかに小田原藩は新政府軍に帰順すると決した。

人見は旧幕艦隊の一部を小田原沖に呼び、東海道を下ってくる政府軍を砲撃してもらうべく、品川沖にいる榎本武揚《たけあき》の許に馬を飛ばしており、指揮官は伊庭だけになった（忠崇は念のため箱根宿にいる)。伊庭は小田原藩の態度を怪しみ、遊撃隊を小田原から一里の距離にある山崎《やまざき》から湯本《ゆもと》にかけて布陣させた。

そこに小田原藩兵が攻め寄せる形で二十六日、戊辰箱根戦争が勃発する。

新政府軍も駆け付け、小田原藩軍を先頭にして遊撃隊の陣所への砲撃を開始した。遊撃隊は二百五十余の兵力で、二千七百に及ぶ敵をよく防いだが、敗色が濃厚となり、箱根の関所まで撤退することにした。伊庭が白兵戦で敵を何十人も斬り、左手首から先を斬り落とされたのは、この時のことだ。

箱根の関に至ったものの、西の三島《みしま》方面からも新政府軍は押し寄せてきており、進退窮まった遊撃隊は二十七日、熱海《あたみ》まで下った。そこに、たまたま人見が船でやってきて、早速、房総《ぼうそう》半島に撤退することになった。しかし重傷の伊庭は乗船せず、以後、各地に潜伏し、傷が癒《い》えてから仙台で合流することになる。

二十八日、遊撃隊は館山湾に入った。そこには榎本艦隊の一部がおり、奥羽越列藩同盟との共闘を目指し、これから仙台に向かうつもりだという。奥羽で戦うことは人見にも忠崇にも異存はなく、「奥州航海の儀」は一決した。

この時、忠崇と行を共にした旧請西藩士は、三十名前後に減っていた。戊辰箱根戦争での死傷者が二十名余も出ていたからだ。

六月一日、遊撃隊を乗せた榎本艦隊は館山湾を船出する。三日には小名浜に着き、すぐに磐城平城に入った。

以後、遊撃隊は仙台藩並びに磐城平藩との作戦会議に時間を費やす。しかしその間も、新政府軍は迫ってきていた。

十六日、敵が平潟港に上陸したとの一報を受けた遊撃隊は、同盟諸藩の兵と共に南下し、平潟港に着くや砲銃戦を始めた。ところが戦慣れしていない中軍の仙台藩兵が裏崩れを起こし、全軍総崩れとなる。

二十四日には再度、平潟奪還を目指して攻め寄せるが、これも失敗し、二十八日の新田《しんでん》峠の戦いでも敗れた遊撃隊は、ちりぢりになってしまう。

何とか磐城平城にたどり着いた忠崇だったが、そこで徳川家が七十万石で存続することに決まったと聞く。この辺りから、忠崇の闘志が衰えてくる。忠崇の目的は、徳川幕藩体制の維持だったが、徳川家の存続が決まったことで、戦う意義を見失い始めたのだ。

磐城平城への籠城策を取ろうとしていた同盟軍だが、遊撃隊は館山出発時の百四十人余が、死傷者により半減しているため、さらに北方の相馬《そうま》中村藩六万石の城下まで撤退する

東京都港区の青松寺に忠崇が建立した、戊辰役戦死者のための追悼墳にて（木更津市郷土博物館金のすず提供）

ことを認められた。

七月七日、相馬中村城下に入った遊撃隊だったが、十三日に磐城平城が落ちたと聞いて愕然《がくぜん》とする。その後、会津に行き、さらに仙台に赴き、何とか退勢挽回《ばんかい》を策すものの、八月六日には相馬中村藩も降伏し、会津に戻るか仙台にとどまるかで、忠崇と人見は意見を違《たが》える。

この時、仙台にとどまった人見と袂《たもと》を分かった忠崇は会津に向かった。ところが二十二日、米沢藩領に至った時、会津藩の防衛線の一つである母成《ぼなり》峠が破られたとの一報に接した。忠崇はそれでも会津に向かおうとするが、途次に籠城戦が始まったと聞き、致し方なく米沢城へと引き返し、九月一日に仙台入りを果たす。

この時、忠崇は人見から榎本艦隊に乗せてもらい、蝦夷地《えぞち》に向かうと告げられる。

十一日には米沢藩が降伏し、仙台藩も重臣会議で降伏に一決した。ここで忠崇は蝦夷地に向かう決意を固め、榎本艦隊が停泊する塩竈《しおがま》まで行ったが、家臣から「仙台藩が降伏謝罪するので、それに便乗したらどうか」と勧められ、遂《つい》に降伏を決意する。

結局、仙台藩と共に降伏した忠崇は東京に護送され、本家の小笠原家に預けられ、蟄居謹慎の日々を送ることになった。

一方、蝦夷地に渡った遊撃隊は激戦の果て、伊庭は重傷を負い、モルヒネをあおって自裁し、同じく重傷を負った人見は榎本と共に降伏した。

明治二年（一八六九）十一月、林家の家督を忠崇の弟の忠弘《ただひろ》に継がせる決定がなされ、忠崇は隠居の身となる。その後、困窮にあえぎ、帰農までした忠崇の後半生は、中村彰彦《なかむらあきひこ》氏の『脱藩大名の戊辰戦争　上総請西藩主・林忠崇の生涯』（中公新書）に詳しい。時代の波に抗った一人の男の生涯が、いかに苛酷《かこく》だったかお分かりいただけるだろう。

その後、林家は大名だったにもかかわらず叙爵もされずに放置されていたが、家臣やその子孫の運動により、明治二十七年（一八九四）、従五位を賜り、忠崇の生活もようやく安定を見た。

昭和十六年（一九四二）一月二十二日、忠崇は九十四年の天寿を全うし、最後の大名と

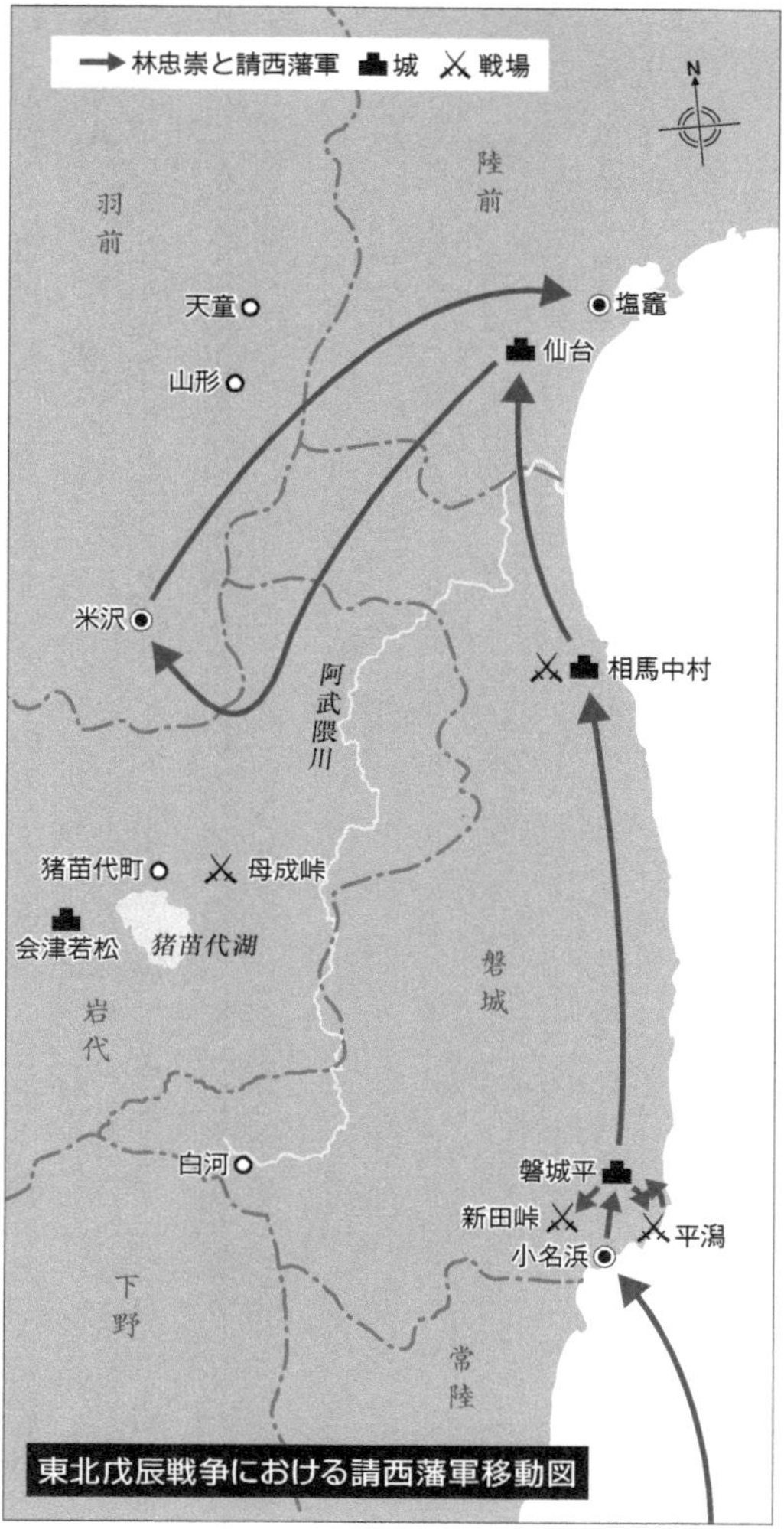

東北戊辰戦争における請西藩軍移動図

して冥府《めいふ》へと旅立った。忠崇は節を曲げなかったことを誇りとして、胸を張って冥府への道を歩んでいったに違いない。

結局、三百余藩の中で、明治新政府によって取り潰《つぶ》しの「栄誉」に与ったのは、請西藩だけだった。それを思えば、室町時代に光政の狩った兎というのは、実に罪だったわけである。

土佐藩

——無血革命を実現しようとした「鯨海酔侯《げいかいすいこう》」

追手門と高知城天守（高知城管理事務所提供）

土佐の鯨は大虎で　腕と度胸の男伊達《だて》　いつでも酔って候《そうろう》
酒と女が大好きで　粋《いき》な詩《うた》も雪見詩　いつでも酔って候
鯨海酔侯《げいかいすいこう》　無頼酒
鯨海酔侯　噂の容堂

これは当時の漢詩を書き下したものではない。柳《やなぎ》ジョージ氏が一九七八年に発表したロックの名曲『酔って候』の一節だ。この曲は、司馬《しば》遼太郎《りょうたろう》氏が一九六五年に発表した短編小説『酔って候』へのオマージュであり、柳氏は直接、司馬氏の大阪の自宅を訪問し、タイトルの使用許可を取ったというエピソードまである。

ここで歌われている「鯨海酔侯」とは、第十五代土佐藩主の山内容堂（豊信《とよしげ》）のことで、司馬氏の作品でも、この歌詞の通り、豪放磊落《ごうほうらいらく》な大酒豪として描かれている。

「鯨海酔侯」というスケールの大きい雅号だけでも、この型破りな大名の実像が垣間《かいま》見えるというものだが、容堂は江戸鮫洲《さめず》の屋敷に隠居した後も、「地球第一鯨飲《げいいん》鮫洲隠士《いんし》」「五斗(約九十リットル)先生」などと自ら名乗り、生涯を通じて酒をこよなく愛した。

本章では、幕末における土佐藩の動向を、主に容堂の視点から探り、土佐藩が明治維新に果たした役割と、維新後の土佐藩閥の活躍まで考察していきたいと思う。

土佐国は現在の高知県と同じ領域を占め、東西に長く七千平方キロメートルもの広さがある。だが、北方から四国山地が張り出してきているため耕地面積は少なく、また隣国との行き来は険しい峠道を行かねばならないため、一種の閉鎖空間を作り出していた。

長らく南国の僻地《へきち》として、歴史の表舞台に登場することのなかった土佐国だが、戦国時代に長宗我部元親《ちょうそかべもとちか》が登場することにより、中央政界とのかかわりが多くなる。

元親は九千人に及ぶ地侍集団「一領具足」を原動力にして、四国全土を手にする直前まで行ったが、豊臣秀吉の前に屈し、土佐一国に逼塞《ひっそく》させられた。その後、元親の息子の盛親《もりちか》が関ヶ原合戦で西軍に付くことで、徳川家康によって領地を没収され、長宗我部氏は没落を余儀なくされた。

関ヶ原合戦の半年後の慶長六年(一六〇一)正月、山内一豊《かつとよ》が新領主として土佐国に入部した。山内家は当初、土佐一国九万八千石を拝領し、その後、強圧的な検地などで増分を打ち出し、二十四万石の表高を有することになる。

幕末において、土佐藩山内家が倒幕になかなか踏み切れなかったのは、関ヶ原の戦いで、薩長両藩のように西軍に付いたわけではなく、首尾一貫して東軍に属していたからだ。その事実が、よきにつけ悪《あ》しきにつけ、幕末の土佐藩の動きを左右していくことになる。

初代藩主となった一豊は、司馬遼太郎氏の長編小説『功名《こうみょう》が辻《つじ》』や、それを原作とした大河ドラマで一躍、脚光を浴びることになるが、実際は陰湿で独善的な武将だったらしい。

入部して間もない三月、一豊は入城祝いの相撲興行を桂浜《かつらはま》で行うという触れを出し、見物に来た「一領具足」のリーダー格七十三名を捕らえて処刑するという、戦国期でもまれに見る陰惨な事件を起こした。

一豊は厳格な身分制度を布《し》き、長宗我部氏の遺産である「一領具足」を力で抑え込もうとした。こうした武士階級内での身分の固定化は、どの藩でも行われていたが、とりわけ土佐藩の制度は厳しいことで知られている。

その身分制度だが、土佐国入部前からの山内家家臣を上士、そのほかの者はすべて郷士《ごうし》とし（後に、この中間に白札《しろふだ》という階級ができる）、上士と郷士が道ですれ違った際、郷士は道端に拝跪《はいき》せねばならないほどだった。

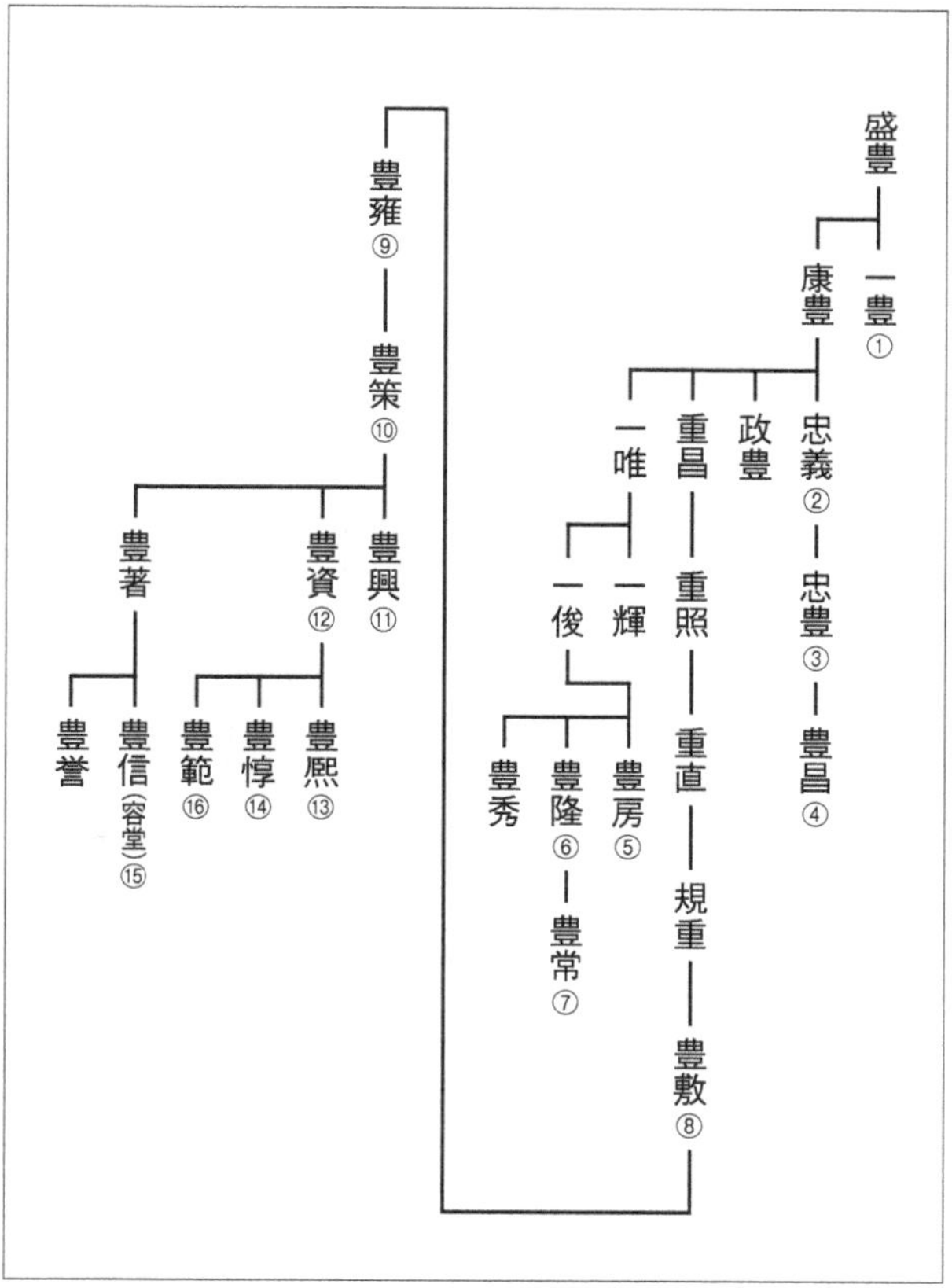
盛豊
一豊①
康豊
忠義②
忠豊③
豊昌④
政豊
重昌
重照
重直
規重
豊敷⑧
一唯
一輝
一俊
豊房⑤
豊隆⑥
豊常⑦
豊秀
豊雍⑨
豊策⑩
豊興⑪
豊資⑫
豊熈⑬
豊惇⑭
豊範⑯
豊著
豊信（容堂）⑮
豊誉

山内氏略系図

そうした中、二代藩主忠義《ただよし》のブレーンとなった野中兼山《のなかけんざん》は、郷士でも優秀な人材を抜擢《ばってき》すべく、この制度を緩めたが、兼山の失脚によって元の木阿弥《もくあみ》と化し、幕末期には、江戸初期と変わらない差別が生じていた。

とくに江戸中期に、上士が郷士を無礼討ちにする事件が頻発し、その裁きも公平性を欠いたため、藩主や藩政府に対する郷士たちの忠誠心は、他藩に比べて低いものになっていた。また江戸中期から、土佐藩独自の儒学である南学《なんがく》が発展し、「士は死なり」という強烈な思想と共に、土佐藩独自の武士道を形作っていった。

本章の主役である山内容堂は、文政十年（一八二七）に山内分家の長男として生まれた。南家と呼ばれるこの家は、連枝《れんし》五家のうちで序列最下位であり、しかも容堂の母は側室で（大工の娘）、容堂が山内本家の家督を継ぐ可能性は、皆無に近かった。

容堂の人格形成に寄与したことの一つが、土佐で生まれ育ったことにある。藩主の世継ぎと目される男子は江戸藩邸で生まれ、そこで育てられるのが普通で、国元で生まれ育った例は、さほど多くない。しかも、育った地が黒潮の流れる南国土佐とくれば、その風土が人格に与える影響は計り知れない。

しかも二十二歳まで、藩主になる可能性が極めて低かった容堂である。少年期から青年期にかけては、かなり自由度の高い生活を満喫していたはずだ。だが、無軌道な青年時代を送ったと言われる割には、羽目を外し過ぎた逸話はない。むろん、そこは山内家門葉《もんよう》としての節度を守っていたと思われる。

というのも容堂は、豪放磊落なイメージの割には、その生涯を通じて、酒以外は「行き過ぎない」ことが多く、バランス感覚に優れていたと思われるからだ。

土佐藩山内家は、英明な君主として知られた十三代豊熈《とよてる》が藩政改革半ばで病没し、その跡を継いだ豊惇《とよあつ》も藩主在任十二日で急死し（諸藩を通じて藩主在任期間最短記録）、瞬く間に後継者問題が浮上した。豊惇の弟の豊範《とよのり》（後の十六代藩主）は三歳にすぎず、中継ぎの藩主を擁立する必要が生じた。

そこで白羽の矢を立てられたのが容堂である。この時、容堂の藩主就任を強く推進したのが老中首座の阿部正弘で、この一件により、容堂は幕府に対して大きな借りを作ったと思うようになった。

容堂が藩主となった頃から、外国船の来航が増えて開国要求が強まってきていた。

大老に就任した井伊直弼は、嘉永七年（一八五四）の日米和親条約はもとより、安政五年（一八五八）の日米修好通商条約にも勅許《ちょっきょ》を得ずに調印し、朝廷を無視する姿勢を明らかにした。しかも十三代将軍家定の後継をめぐり、直弼や大奥が紀州侯慶福（後の家茂）を、越前の松平春嶽、薩摩の島津斉彬、宇和島《うわじま》の伊達宗城、そして容堂が、そろって水戸藩出身の一橋慶喜を推すことで、両派の間には険悪な空気が漂っていた。

結局、直弼が独断で将軍を慶福と決め、それに反対した者たちを弾圧するという暴挙に出る。安政の大獄である。

この時、容堂も隠居謹慎を命じられた。ところが安政七年（一八六〇）の桜田門外の変で直弼が殺されると、長州藩を中心とする尊王攘夷《じょうい》派の勢力が日増しに強まっていった。

文久二年（一八六二）には容堂も謹慎を解かれ、政界への復帰を果たす。

容堂の政治思想は、朝廷と幕府諸藩が一丸となって外圧に対抗していこうという公武合体論である。これは幕藩体制の再編強化の域を出ていないが、当時の支配者層としては、ごく一般的なものだった。

隠居したことで、対外的な活動に軸足を置いた容堂は、藩政を執政の吉田東洋《よしだとうよう》に託した。東洋は人材の登用を最優先にした藩政改革に着手するが、こうした中から後藤象二郎《ごとうしょうじろう》、福《ふく》岡孝弟《おかたかちか》、岩崎弥太郎《いわさきやたろう》、板垣退助《いたがきたいすけ》、谷干城《たにたてき》といった有能な人材が輩出した。彼らは二十代前半から大目付・町奉行・郡《こおり》奉行といった要職に就き、行政手腕を磨いていった。

この頃、土佐国でも尊王攘夷思想が流行し始めており、それを奉じる者たちにより、土佐勤王党が結成された。その中心となったのは武市《たけち》半平太《はんぺいた》（瑞山《ずいざん》）で、長州藩に刺激を受けた武市らは次第に過激化していく。

山内豊信（容堂）像（高知県立高知城歴史博物館所蔵）

ところが東洋は、彼らの意見を聞くことさえ拒否したため、文久二年四月に暗殺される。その後、東洋を嫌っていた上士たちの保守派が藩政を握り、郷士中心の勤王党と権力を分かち合っていくことになる。

こうした動きを容堂は苦々しく見ていたが、廟堂《びょうどう》までもが尊王攘夷一色では動きようがない。ところが文久三年、薩摩・会津両藩によって八月十八日の政変が仕掛けられ、長州藩とそれに追随してきた尊攘派勢力が一掃された。

これを見た容堂は、土佐勤王党の粛清に乗り出した。結局、武市半平太らは投獄され(後に切腹)、土佐藩の尊王攘夷活動は壊滅的な打撃をこうむることになる。

藩論を公武合体で統一させた容堂は、朝廷の朝議参与として国政に積極的に関与するが、同じ参与の一橋慶喜と島津久光(斉彬の庶弟)の衝突によって、翌元治元年(一八六四)に参預会議は雲散霧消する。これにより、容堂が国政に参画する機会は失われた。

一方、八月十八日の政変の失地を回復すべく、長州藩は京都に兵を送って強硬策に出るが、大敗を喫し(禁門の変)、全国の尊王攘夷派はいっそう苦しい立場に追いやられる。

しかし、公武合体派の主力を成していた薩摩藩の西郷隆盛や大久保利通は、旧態依然とした幕府や、その走狗《そうく》と化していた会桑《かいそう》勢力(会津・桑名両藩)では外圧に抗しきれないと判断し、ひそかに長州藩と結び、倒幕に向かっていく。それを仲介したのが、土佐勤王党の生き残りである坂本龍馬《さかもとりょうま》と中岡慎太郎《なかおかしんたろう》だった。

だが容堂は、あくまで公武合体を志向し、倒幕には絶対反対だった。そんな折の慶応三年（一八六七）六月、坂本龍馬から土佐藩参政の後藤象二郎に、「船中八策」という新国家構想が提示される。その大前提が公議政体論（公武合体論をさらに理論化したもの）であり、容堂はこの策に傾倒していく。

むろん容堂の公議政体論は、西洋諸国の議会制度を導入しようというものではなく、諸侯会議により、政治的問題に決着をつけていこうという極めて漸進的《ぜんしんてき》なものだった。それが容堂の限界でもあり、その置かれた立場から仕方のない選択でもあった。

いずれにせよ、第二次長州征討で惨敗を喫した幕府の権威は失墜し、このままでは内戦が必至の情勢となってきた。

そこで容堂は、将軍となった慶喜に大政奉還を勧めるという奇策に出る。徳川家の握ってきた政権を朝廷に返還し、新たに樹立される公儀政体型政府の議長の座に、慶喜を就けようというのだ。

慶喜もこれを受け入れ、慶応三年十月、大政奉還が実現する。慶喜としては大政奉還によって政権を放り出す代わりに、四百三十万石に及ぶ徳川家の家禄《かろく》を守ろうとしたのだ。

この奇策の成功によって、容堂と土佐藩は新政府の主導権を握るかに見えた。まさに「容堂の得意や思うべし」である。ところが、それでは旧体制を一新できないばかりか、新政府の財源の目途も立たなくなる。

十二月、薩摩藩の西郷隆盛と大久保利通は公家《くげ》の岩倉具視と結託し、倒幕の密勅を得ると、王政復古の大号令を発した。さらに京都御所で行われた小御所《こごしょ》会議において、慶喜に辞官納地《じかんのうち》を命じることに決する。

辞官納地とは、慶喜の官位と徳川家直轄領四百三十万石を朝廷に返上することだ。

容堂は慶喜の大政奉還を大英断とたたえ、寛大な措置を望んだが、結局は聞き入れられず、公議政体論はここに瓦解《がかい》した。

それでも容堂はあきらめきれず、政治的に巻き返しを図ろうとするが、慶応四年一月の鳥羽・伏見の戦いで旧幕府軍が惨敗を喫することで、大勢は決まった。

容堂は両陣営の軍事衝突には一切、かかわるなという命令を土佐藩軍に発していたが、現場指揮官の乾《いぬい》退助（後の板垣退助）は、薩長側として勝手に参戦した。これを聞いた容堂は激怒し、後藤象二郎に命じて兵を引き揚げさせたが、すでに土佐藩の尊攘派郷士たちが、容堂の命に従わないのは明らかだった。

鳥羽・伏見の戦いの結果から、大勢は決まったも同然だったが、容堂は薩長方に付くことをためらっていた。そこに現れたのは乾である。乾は「薩長の門に御馬をつなぐことになりますぞ」と言って容堂を脅し、ようやく藩論を武力倒幕でまとめることに成功した。

この後、東山道先鋒《せんぽう》総督府参謀として、北関東から東北へと転戦中に板垣と姓を改めた乾は、会津若松城攻防戦にも参加し、明治新政府樹立に大きな貢献を果たしていく。

こうした板垣の活躍もあり、土佐藩は新政府内で薩長両藩に次いで重きを成すことに成功する。その結果、多くの土佐人を顕官要職に送り込めた。

容堂も内国《ないこく》事務総督や議定《ぎじょう》といった要職を歴任するが、ほどなくして職を辞すことになる。おそらくこの頃から、アルコールの過剰摂取による中毒症状が出始めていたのではないだろうか。

隠居した容堂は詩文に親しみ、玄人《くろうと》はだしの謡曲を披露するなどして趣味人として余生を送った。だが、相変わらず酒癖は悪く、昼間から大酒を飲み、泥酔しては周りの者たちに罵声《ばせい》を浴びせるなどして暴君ぶりを発揮したという。

若い頃からの過度の飲酒がたたったのか、容堂は次第にその怜悧《れいり》な頭脳を失っていった。

維新後の容堂が酒に溺《おぼ》れて精彩を欠いたのは、徳川家から受けた恩を仇《あだ》で返すかのように、倒幕勢力の一翼を担ってしまった負い目にある。見た目と違って繊細な神経の容堂は、自己嫌悪に陥っていたのだ。

その後も容堂は、自殺するかのように酒浸《びた》りになっていった。

明治五年（一八七二）正月、容堂は入浴中に倒れて半身不随となる。今で言う脳梗塞《のうこうそく》の類《たぐい》ではないかと思われる。一時的に小康《しょうこう》を得たものの、六月に再度発症し、遂《つい》に鯨海酔侯は一人、大海に漕《こ》ぎ出していった。享年四十六だった。

時と場を得れば、容堂はもっと大きな仕事のできる人物だった。それを思うと、酒に飲まれてしまったことが実に悔やまれる。

その跡を継いだ養子の豊範も、版籍奉還から廃藩置県という流れの中、次第に実権を取り上げられ、廃藩置県後は諸藩の旧藩主同様、東京に住まわされた。その後、豊範は自由民権運動に関与し、さらに実業の世界に自らの居場所を見つけようとするが、明治十九年（一八八六）、享年四十一で死去する。

一方、明治六年の政変で下野した板垣は、民撰《みんせん》議院設立建白書を政府に提出し、国会開設を目指す自由民権運動に身を投じる。

明治十年、鹿児島では西郷隆盛の私学校が決起し、西南戦争が勃発《ぼっぱつ》するが、板垣ら高知県士族は平和的な手段によって大久保利通の有司専制体制を打破する道を選び、西郷軍に呼応して挙兵するという愚を犯さなかった。

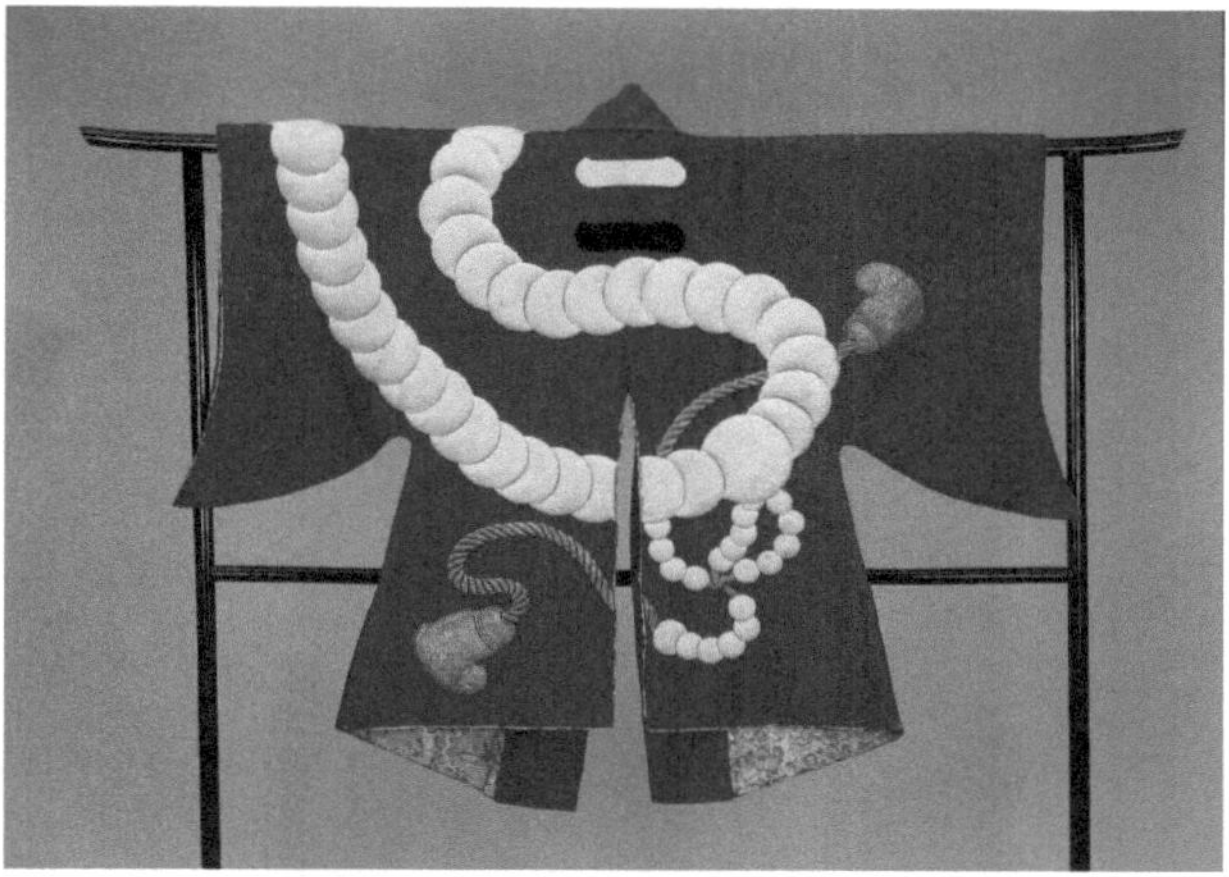

容堂が使用した緋羅紗地数珠文陣羽織（高知県立高知城歴史博物館所蔵）

結局、西郷は敗れて自刃《じじん》し、翌年には大久保も殺され、明治政府は瓦解の危機を迎えるが、大久保の政治的遺産を引き継いだ長州藩閥の伊藤博文《いとうひろぶみ》によって、ようやく安定を見ることになる。板垣も自由党党首として帝国議会の開設に貢献し、その後、いくつかの内閣で大臣を歴任した。

明治十年代から三十年にかけての板垣の政治活動は、目を見張るものがあった。しかも人格は高潔で自らの功を誇らず、伯爵位を二度まで辞退する謙虚さから、晩年になればなるほど、その名声は高まっていった。

幕末の倒幕活動において、土佐藩は薩長両藩の後塵《こうじん》を拝したものの、それに次ぐ功を挙げ、明治維新政府でもそれなりの地位を確保した。だが容堂という名君を押し立てながら、維新回天の主役となり得なかったのは、徳川家への恩義から、ぎりぎりまで公議政体論に固執したためだった。

　それでも大政奉還までは、坂本や中岡の水面下での活動が功を奏し、容堂の描いた構想が実現する可能性もあった。だが最後は、倒幕派の意志の強さに根負けした恰好《かっこう》になった。歴史という大河の流れには、大鯨でさえ逆らうことができなかったのだ。

　幕末の土佐藩は、よきにつけ悪しきにつけ容堂だった。明治政府は、その思い描いていたものとは違った形になったかもしれないが、鯨海酔侯は大いに潮を噴き上げ、近代日本の到来に貢献したのである。

長岡藩

——薩長の新政府に対して
意地を貫いた「腰抜け武士」

平城・長岡城二の丸跡の石碑。現在のＪＲ長岡駅は本丸があった場所になる（長岡市提供）

幕末という時代は、傑物や偉人から愚物や無能者まで、様々な人物が現れては消えていった。それは、この時代が抜擢《ばってき》の時代だったことにも起因している。抜擢された者たちの中には、本章の主人公の河井継之助《かわいつぎのすけ》のように人格・頭脳共に抜群に秀でた者もいれば、人材が払底《ふってい》したため、運よく出世した俗物もいた。

長岡藩の悲劇は、紛れもない本物が、とんでもない〝まがい物〟と出会ってしまったことにある。だが、それだけに原因を求めてしまってもよいのだろうか。

本章では、長岡藩のたどってきた道と河井継之助の生涯を俯瞰《ふかん》し、なぜ継之助が「戦う」決断を下したのか、その核心に迫っていきたいと思う。

長岡藩主の牧野氏は三河国の一国人を出自とし、永禄《えいろく》九年（一五六六）、牧野康成《やすなり》が徳川家康の麾下《きか》に参じることで徳川家譜代家臣となった。その後も康成とその子の忠成《ただなり》が数々の戦いで武功を挙げ、徳川家の天下が成った後の元和四年（一六一八）、長岡藩六万四千石に封じられる（後に一万石加増）。以後、二百五十年余の長きにわたり、牧野氏は長岡を動くことはなかった。

「常在戦場」という牧野氏の先祖の教えにもある通り、その藩風は質実剛健を旨とし、長幼の序を重んじ、忠義孝道に尽くすことが第一とされた。こうした古風で保守的な藩風も、継之助の最後の決断を後押ししたのは間違いない。

継之助が生まれたのは文政十年（一八二七）の一月一日である。その二年前の文政八年に異国船打払令が出されており、来航する外国船が増え始めていた時期にあたる。

継之助は、郡奉行《こおりぶぎょう》や勘定頭《かんじょうがしら》といった実務官僚を歴任する中堅家臣の家に生まれた。その生涯は四十一年になるが、前半生は江戸や備中《びっちゅう》へと留学することにより、様々な知識を吸収することに費やされた。

嘉永五年（一八五二）、継之助は二十六歳で初めて江戸に留学し、いったん帰国したものの、翌年のペリー来航を聞きつけて再び江戸に赴いた。その折、継之助は様々な情報を集め、それを元に藩主に開国の献言を行ったことで、出頭のきっかけを摑《つか》んだ。

その後、門閥派の世襲五家老家の壁に阻まれて不遇の時期を過ごすが、安政六年（一八五九）、西国への遊学を果たし、ここで備中松山《まつやま》藩の財政を立て直した山田方谷《やまだほうこく》と出会い、陽明学や藩政改革の実務を学んだ。これが後に大いに生かされることになる。

万延《まんえん》元年（一八六〇）の春に西国遊学から江戸に戻った継之助は、さらに一年ほど江戸で勉学を修め、翌文久元年（一八六一）の夏に長岡に帰郷した。

長岡に戻った早々、継之助は藩政改革についての意見具申を行うが、それを握りつぶそうとした世襲五家老家との対立を深めていく。

その頃、世の中は和宮降嫁《こうか》が決まり、安政の大獄で険悪化していた朝廷と幕府の間に、融和ムードが醸成されつつあった。だが、その一方で攘夷《じょうい》思想も盛んになり、吉田松陰の弟子たちや西郷隆盛らの活躍も始まった。

文久二年（一八六二）には、公武合体を唱える島津久光が藩兵一千を率いて上洛《じょうらく》を果たし、さらに勅使《ちょくし》を連れて江戸に行き、幕政改革を促し、一橋慶喜や松平春嶽といった俊秀を政治の表舞台に引き出した。

その直後の八月、幕閣は長岡藩主の牧野忠恭《ただゆき》を京都所司代に任じる。これにより長岡藩も、否応《いやおう》なしに幕末の荒海に放り出されていく。

十月一日、孝明天皇に拝謁《はいえつ》した忠恭だったが、十一日、突然、御所に呼び出されると、「攘夷督促の勅使が明日、江戸に下向する」と、武家伝奏《てんそう》から一方的に告げられた。これは、京都所司代の面目を失わせる行為である。

結局、勅使派遣を阻止できず、しかも土佐藩主の山内容堂が一千の兵を従え、江戸まで同行するといった有様で、京都所司代の存在意義が問われることになった。

河井継之助の肖像。江戸や西国を遊歴して勉学を修めた後、困窮した藩の財政を立て直したことで知られる

翌文久三年（一八六三）三月、将軍家茂が上洛し、五月十日に攘夷を実行することを約束させられる。この時、不逞《ふてい》浪士の跋扈《ばっこ》する京都で、忠恭は不測の事態に備えて神経をすり減らしていた。

継之助も公用人として上京し、藩主を助けることになった。だが継之助は、京都の世情不安を見て忠恭に辞職を勧めている。継之助の言うことは尤《もっと》もだったが、忠恭の立場としてはそうもいかず、結局、怒った継之助は公用人の職を辞してしまう。

どうも継之助という人間は、合理的で開明的な反面、自らの考えが正しいと思うと他人の意見を聞き入れない一面がある。これは、その後の人生でも度々顔を出し、それが最後の決断にも寄与したことは否定できないだろう。

結局、五月十日に攘夷を実行したのは長州藩だけだったので大事には至らず、同年六月、家茂の江戸帰着後、忠恭は辞職した。

この直後に八月十八日の政変が起こり、京都から長州藩が追い出された。これにより薩摩藩と一会桑《いっかいそう》勢力（一橋家・会津藩・桑名藩）が、京都の権力を分け合うことになる。

幕閣は忠恭の労をねぎらう意味もあり、九月に老中に昇格させる。ところが老中というのは多額の交際費を必要とし、長岡藩のような貧乏藩の藩主に務まるものではない。

元治元年（一八六四）、再び江戸詰を命じられた継之助は、今度は忠恭に老中辞職を勧める。ところが、これを聞いた笠間《かさま》藩主の牧野貞直《さだなお》が継之助を叱責《しっせき》した。貞直は忠恭の親《しん》戚《せき》筋にあたるが、継之助は物怖《ものお》じせず貞直を面罵《めんば》する。これを聞いた忠恭は当然のごとく怒り、継之助に帰国を命じた。他藩主を罵《ののし》るなど、普通なら切腹ものだろう。

この挿話からも分かる通り、継之助には、自らの信じるところを貫くためには死をも厭《いと》わぬ大胆さがある。肝が据わっているのだ。だが言い方を変えれば、頑固で依怙地《いこじ》で好戦的なのも否めない事実だろう。

もちろん、それだけ藩財政が破綻《はたん》しかかっていたのも間違いなく、自らが犠牲になっても、これ以上の出費を抑えようとしたとも考えられる。

結局、忠恭は翌慶応元年（一八六五）四月に老中を辞職し、すぐに継之助を郡奉行に任命した。

元治元年は池田屋事件と禁門の変があり、長州藩を中心とした攘夷勢力が大きく後退した年だった。こうした世相とは距離を置き、継之助は長岡藩の将来を考え、藩財政の立て直しと藩軍の洋式化に取り組むことになる。

継之助は「専ら国家富強の道を務める」ことを目標に様々な改革を断行し、嘉永六年（一八五三）に二十三万両もあった長岡藩の借財を完済し、慶応四年（一八六八）には十一万両もの剰余金を備蓄するに至った。並行して軍備の増強と洋式化も進めているので、実際には、もっと大きな成果があったと思われる。

ちなみに長岡藩軍には仏式部隊を中心に千三百人余の動員力があり、大半が新旧の洋式銃を持ち、大砲もアームストロング砲を含めて三十門はあったという。

この間、幕府は長州征討に失敗し、薩長両藩に倒幕同盟を結ばれるなどして、苦境に陥っていた。そこで慶応三年（一八六七）十月、十五代将軍慶喜は大政奉還を行う。

大政奉還は、安穏《あんのん》としていた東国諸藩に衝撃を与えた。長岡藩も例外ではなく、情報収集の任務を帯びた継之助は大坂城に向かい、方谷の主人で老中の板倉勝静《いたくらかつきよ》に面会した。

この時、継之助は大坂城内にいる兵を解散し、慶喜を江戸に連れ戻し、時節を待つよう勧めている。ただし、それでも戦いたいと言うなら、「大津口や丹波口《たんばぐち》など四辺《しへん》の要路をふさぎ、京都に駐屯する薩長両藩兵五千の糧道を断つ」ことを提案した。

この策は、この時点では極めて妥当であり、もしも実現していたら、その後の展開はどうなっていたか分からない。

慶応四年正月、鳥羽・伏見の戦いが勃発《ぼっぱつ》する。この時、長岡藩は佐幕派として参陣するが、戦闘に巻き込まれることなく江戸に戻ることができた。

その後、継之助は江戸藩邸にあった重宝什器《ちょうほうじゅうき》の大半を売り払い、その資金で外国商人から洋式火器を大量に買うと、江戸藩邸を引き払い、藩士百五十人全員を引き連れて長岡に帰った。この時、継之助の象徴とも言えるガトリング砲二門を購入している。

河井継之助が購入したとされるコルト社製ガトリング砲のレプリカ（長岡市提供）

諸藩の家老たちが右往左往する中、継之助だけは将来を見据えて迅速に行動した。しかも海路を使って帰国したので、江戸で米穀を購入し、箱館で売り払い、また江戸の銅銭を新潟で売り、多額の利益を稼いでいる。これは相場をよく知らないとできない芸当で、こうした経済感覚に優れているのも継之助の特徴である。

四月、長岡に帰った継之助は、厳正中立を宣言した。ただし長岡藩の総意を「義」に置くことにより、佐幕色を強めていくことになる。

ちなみに隣国の加賀藩は、同様に「三州（加賀・越中《えっちゅう》・能登）自立割拠《かっきょ》」策を取るが、あくまで「勤王」という方針を崩さず、当初は薩長の新政府と距離を置くつもりでいた。ところが加賀藩は、慶喜が謹慎恭順を貫くと決まると、すんなりと新政府側に付くことに決した。天皇の信任が薩長の新政府にある限り、「勤王」の旗を掲げている加賀藩としては、それに背くことができないからだ。

ところが長岡藩は「義」を旗印に掲げているため、どうしても「不義」の薩長を敵視していく方向に向かわざるを得ない。この微妙な旗印の違いが、長岡藩の悲劇を生むことになる。

いずれにせよ慶喜の腰砕けによって、旧幕府軍と佐幕派諸藩が一丸となって巻き返しを図るという構図は描けなくなった。となれば、長岡家中でも恭順論が台頭してくる。藩内の恭順論者たちは、継之助を斬らなければ長岡が戦場になると危惧《きぐ》し（実際にそうなった）、斬奸状《ざんかんじょう》まで起草して襲撃計画を練るが、いざ決行の時、手違いが生じて継之助を襲撃できなかった。これが長岡藩の命運を決する。しかもこの後、計画が露見し、恭順派は弾圧される。この時が一つの岐路だった。他藩でも大なり小なり同様のことが起こったが、概して恭順派が政変を成功させて主導権を握ることになった。だが長岡藩の場合、そうはならなかった。

閏《うるう》四月、長州藩兵を中心とした新政府軍が、北越の地に進出してきた。戦わざるを得ない立場の会津・桑名両藩は、魚沼《うおぬま》郡や東蒲原《ひがしかんばら》郡の飛び地に兵を配し、徹底抗戦の構えを見せた。また古屋佐久左衛門の衝鋒隊も、江戸から駆け付けてきた。

この時、軍議の席で、継之助と議論を闘わせた会津藩の佐川官兵衛《さがわかんべえ》は、継之助のことを次のように語っている。

「河井君と話をする時は、一息も油断ができない。あんなに早く理屈が見えて、話に切り込みの激しい人は少ない。確かに近代の豪傑である」

この言葉に、河井という男のすべてが凝縮されているように思える。

閏四月下旬、会津・桑名両藩と新政府軍の間で戦闘が開始された。この時、継之助は藩主から全権を委任され、上席家老と軍事総督を兼ねることになった。つまり藩の独裁権を握ったことになる。

継之助は戦火の拡大を防ごうとしたが、逆に戦闘地域は広がるばかりになった。このままでは独立の方針を貫く長岡藩といえども、火の粉をかぶらざるを得なくなる。そのため継之助は新政府側と交渉し、平和裏に事を収めようとした。

五月二日、継之助は新政府軍の本拠がある小千谷《おぢや》に行き、東山道先鋒《せんぽう》総督府軍本営監察の岩村精一郎《いわむらせいいちろう》（高俊《たかとし》）と面談した。運命の小千谷談判《だんぱん》である。

この時、継之助は岩村に嘆願書を提出した。そこには「治国平天下《ちこくへいてんか》」、すなわち内戦などやめて、諸藩が一致して国力の充実を図ろうという意見が書かれていた。

さらに新政府軍と会津藩の橋渡し役を買って出たが、岩村は断固としてこれを拒否し、逆にこれまでの長岡藩の動きを難詰した。

この時、岩村は二十四歳と若く、志士活動も皆無に近いため、鼻息ばかりが荒かった。しかも岩村は、たまたま衝鋒隊を追って江戸から小千谷に来ただけで、そこで山県有朋《やまがたありとも》から監察に抜擢されたという経緯がある。つまり、思わぬ抜擢にあって意気盛んになっていたのだ。

後の佐賀の乱においても、岩村は権令に任命されて意気揚々と佐賀に入り、居丈高な態度で佐賀藩士たちを怒らせ、乱の原因を作っている。

西郷隆盛と黒田清隆《くろだきよたか》が穏便に事を収めた庄内藩と比較すると、交渉相手に人材を得なかった長岡藩の悲劇が際立ってくる。

この小千谷談判の決裂が、長岡のみならず越後国全域を舞台にした大戦争の発火点になった。河井は長岡に戻り、諸隊長に「開戦やむなし」と語り、「義」のために戦おうと檄《げき》を飛ばす。

五月十日夕刻、越後高田《たかだ》藩領と国境を接する榎《えの》峠《き》に奇襲を掛けることで、長岡藩の戊辰戦争が始まった。ただしこの時点では、会津・仙台・庄内・米沢などの東北諸藩と奥羽越列藩同盟を結成していたので、全く勝算がないとは言えなかった。

その後、長岡藩兵は、榎峠の南の朝日《あさひ》山《やま》に攻め寄せた時山直八《ときやまなおはち》率いる長州藩奇兵隊を撃退し、時山を討ち取るという金星を挙げたが、十九日、新政府軍の奇襲攻撃によって長岡城を奪われてしまう。梅雨《つゆ》の増水によって、敵が信濃川を渡れないと思い込んでいたのが原因だった。

この時、小千谷方面に気を取られていた継之助は、長岡に駆け戻るや自らガトリング砲を撃って奮戦したという。だが、長岡城の本営には兵が五十名余しかおらず、落城を防ぐことはできなかった。

これにより長岡藩は、軍用金二十万両や大砲などを奪われ、戦争の継続さえ困難になった。継之助の勝算を支えていた最新兵器と財力が、一瞬にして吹き飛んだのだ。

それだけならまだしも、目標の定かでない戦いによって家を焼かれた者たちの間から怨《えん》嗟《さ》の声も上がり始め、継之助は苦しい立場に追い込まれていく。

それでも七月二十五日、態勢を立て直した継之助は、城の北部に横たわる南北五キロメートル余、東西三キロメートル余の大湿地帯・八丁沖《はっちょうおき》を渡って長岡城に奇襲を敢行し、その奪還に成功する。

だが二十九日、新政府軍の猛攻により、長岡城は再び落城する。

しかもこの一連の戦闘で、継之助は銃弾を左膝《ひざ》に受けてしまう。重傷だった。担架《たんか》に乗せられた継之助は会津藩領を目指すが、その途次の八月十六日、八十里《はちじゅうり》峠を越えた会津藩領塩沢《しおざわ》村で息絶えた。

継之助は八十里峠を越える際、自嘲《じちょう》的な句を詠んでいる。

八十里峠、腰抜け武士の越す峠

伝えられるその最期は、武士としての矜持《きょうじ》に満ちた見事なものだったが、継之助の心中は、故郷の山河を荒廃させてしまった罪の意識に苛《さいな》まれていたのではないだろうか。

河井継之助とは何者だったのか。長岡市民の中には、災厄《さいやく》をもたらした人物と考える方々もいる。確かにそうだろう。いかに前半生で優秀だろうが、いかに財政を再建しよう

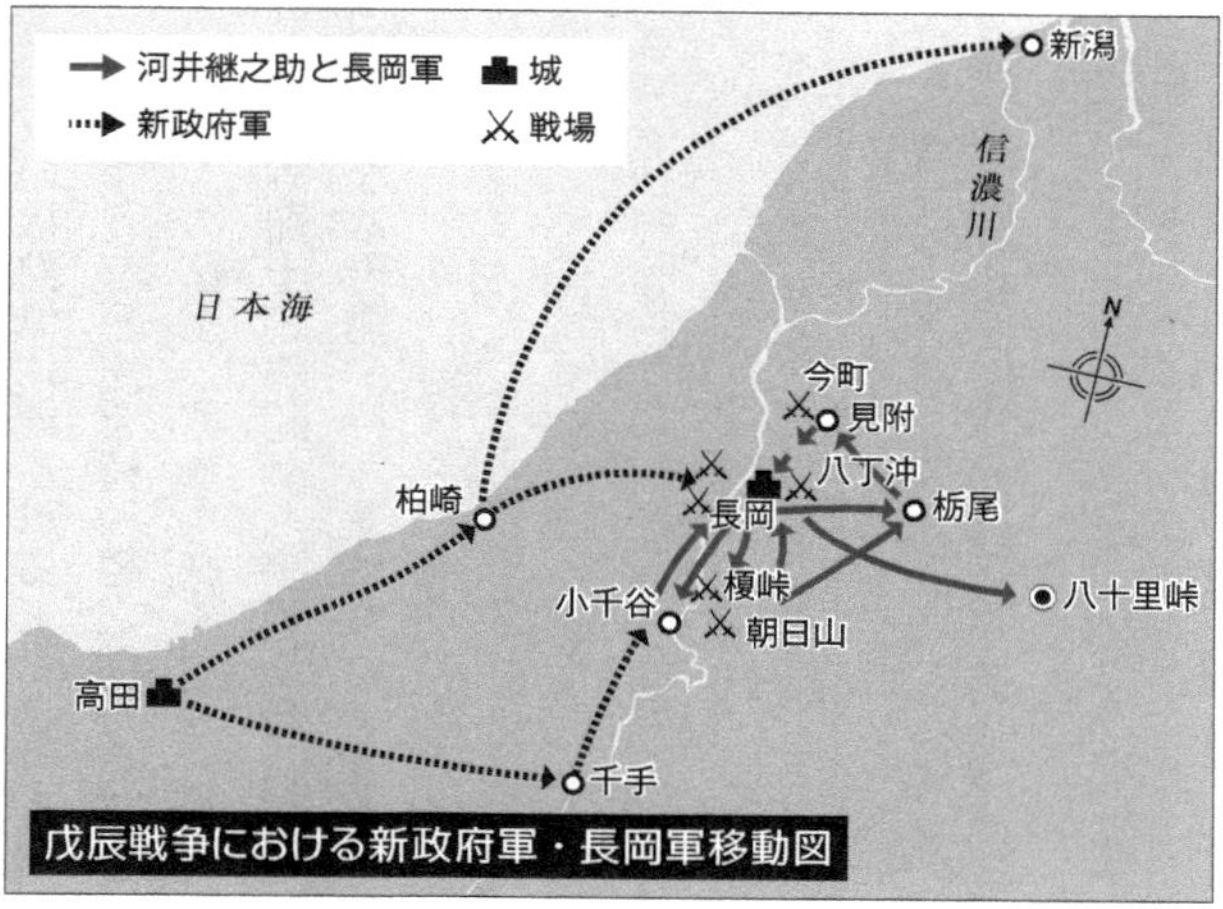

戊辰戦争における新政府軍・長岡軍移動図

が、避けることのできる戦争に民衆を巻き込み、長岡藩士だけで六百四十一人もの死者を出し、長岡の町を灰にしてしまったのだから弁明はできない。

しかも明治維新後も、藩士たちは恒産の道を探れずに困窮を極め、明治三年十月、知藩事となっていた牧野忠毅《ただかつ》は依願免官を申し出るまでに至った。財政的に藩を維持できないので廃藩にしてほしいと、藩主自ら政府に申し出たのだ。

ここに長岡藩は、諸藩に先駆け二百五十二年の歴史の幕を閉じることになる。

人は時代に包摂《ほうせつ》され、その熱気の中で判断を誤る。後の西郷隆盛の最期を見ても、太平洋戦争に突入した東条英機《とうじょうひでき》内閣を見ても、人というのは熱気に煽《あお》られると、冷静な状況判断ができなくなる生き物なのだろう。

鉄のような意志を持つ継之助でさえも、時代の熱気に煽られていたのかもしれない。しかし多くの藩が、草木も靡《なび》くように新政府に与《くみ》する中、「筋が通らぬ」とばかりに、継之助と長岡藩士が決起した事実を忘れてはならない。

いかなる苦難が待ち受けていようと、筋を通すことにこだわるのも、また人なのだ。

水戸藩

——明治維新の礎となった勤王の家譜

旧水戸城薬医門（茨城県指定文化財）。水戸城本丸があった茨城県立水戸第一高等学校の敷地内に移築復元されている（水戸市立博物館提供）

水戸の代表的人物といえば黄門《こうもん》様と答えてしまうのが、平均的な日本人だろう。だが水戸藩が、真に歴史の表舞台に登場するのは幕末になってからだ。しかも彗星《すいせい》のように現れ、凄《すさ》まじい光芒《こうぼう》を放ったかと思うと、瞬く間に消えていった感がある。

その輝きを担った人々も多士済々である。尊王攘夷《じょうい》運動の元祖と言える九代藩主斉昭、その七男で後に将軍になる慶喜、尊王攘夷思想の理論的支柱にして水戸学の泰斗《たいと》である藤田東湖と会沢正志斎《あいざわせいしさい》、桜田門外の変に参加した関鉄之介《せきてつのすけ》ら脱藩浪士たち、天狗党の総帥・武田耕雲斎《たけだこううんさい》と若き立役者の藤田小四郎《こしろう》(東湖の息子)らである。

ところが明治維新になると、水戸藩は人材が枯渇《こかつ》し、新政府にこれといった人材を送り込めなかった。なぜそうなってしまったのだろうか。

本章では、明治維新の礎《いしずえ》となった水戸藩の悲劇を探っていきたいと思う。

二〇一二年一月、私は取材で水戸を訪れ、郷土史家《きょうどしか》の先生方から様々な話を聞く機会が持てた。その中でも驚いたのは、幕末維新から三世代以上が経った今でも、水戸では佐幕《さばく》

往時の水戸城・柵町坂下門から本丸隅櫓を撮影した絵葉書（水戸市立博物館所蔵）

派（諸生党《しょせいとう》）と尊王攘夷派（天狗党）の間のわだかまりが根深く残り、交友はもとより、両者間の婚姻もほとんど行われていないというのだ。

何年か前に「このままではまずい」という人がいて、合同慰霊祭や懇親会を開いたそうだが、「気まずい空気が満ち、酒を飲んでもあまり盛り上がらなかった」という。この話を思い出す度に、われわれは連綿《れんめん》と続く歴史の中で生きていることを実感させられる。

確かに江戸期の水戸人と言えば、議論好きで理屈っぽく、他人の立場を認める包容力に欠けていると言われていた。だがその反面、好学の気風は藩士の末端にまで浸透し、全藩士の学識の高さは、他藩の追随《ついずい》を許さないものがあった。

その水戸藩が、徳川御三家の一つという格式ある藩だったのはご存じの通りだが、御三家の中での家格は最下位で、しかもその石高は三十五万石と謳《うた》いながら、実質的には二十八万石しかなかった（尾張《おわり》藩は約六十二万石、紀州藩は約五十五万五千石）。

そうした誇り高さと相反する劣等感が、鬱屈《うっくつ》したアイデンティティを生むに至った要因だったのかもしれない。

さらに水戸藩には、藩祖の頼房《よりふさ》と二代光圀《みつくに》以来の尊王思想、いわゆる水戸学が脈々と受け継がれてきており、それが、幕末期の水戸藩士たちの自滅的行動に影響を及ぼしていたと考えられる。

水戸学とは、一言でいえば「儒学を基本にし、様々な宗教や思想を混淆《こんこう》した総合的学問」であり、その根本には「愛民」と「尊王」があった。つまり当初の水戸学には、「攘夷」という要素はなかった。だが外圧の高まりに応じて、そうした要素も取り入れつつ、水戸学は変化を遂げていく。

水戸藩の幕末は、九代藩主の斉昭の登場と共に始まったと言ってもいいだろう。

文政十二年（一八二九）、三十歳で藩主になった斉昭には、同七年（一八二四）に水戸藩領大津《おおつ》村にイギリスの捕鯨船が上陸して大騒動になったことが、トラウマとなっていた。

これにより斉昭の一貫した政治的テーマには、常に外圧と海防が置かれることになる。

斉昭は天保九年（一八三八）、十二代将軍家慶に意見書を提出する。それは内憂《ないゆう》と外患《がいかん》の双方を論じ、幕府政治の改革を求めたものだった。とくに譜代大名だけで行われている幕府政治の限界を指摘し、外様《とざま》と親藩でも有為の大名は、幕政に参与させるべきというものだった。

また斉昭は、領内総検地や財政再建策といった藩政改革にも積極的に取り組んだ。とくに文教政策は徹底しており、藩士だけでなく郷士や農民にも文武教育を施すべく、領内各地に郷校を開いた。すなわち水戸城三の丸に築かれた弘道館《こうどうかん》を藩学の中心とし、領内に十五カ所の郷校を設け、教育の機会を均等にし、上下を問わぬ登用《とうよう》を行ったのだ。これにより、後に尊王攘夷活動に身を投じる下級藩士たちの基盤ができ上がる。

ところが弘化元年（一八四四）、斉昭は幕閣により強制的に隠居させられ、蟄居謹慎《ちつきょきんしん》処分となる。あまりに急進的な意見を述べ、幕閣を批判したのが原因だった。これにより水戸藩主の座には、長男の慶篤《よしあつ》が就く。慶篤は藩士たちから「よかろう様」と陰口を叩《たた》かれるほど、何事にも優柔不断で周囲の言いなりになるので、水戸藩の幕政への影響力は急速に色あせていく。それでも情勢の急展開によって嘉永二年（一八四九）、斉昭の藩政への復帰が認められ、また十二代将軍の家慶や老中の阿部正弘から頼りにされ、幕政にも参画することになる。

さらに嘉永六年（一八五三）のペリー来航により、幕府は海防の必要性を痛感し、斉昭を海防参与（後に幕政参与）に就任させる。

そんな折、ペリー来航直後に将軍家慶が死去し、十三代将軍の家定も病弱なため、その継嗣《けいし》を決めておこうということになった。候補は、紀州和歌山藩主で八歳の慶福と斉昭の七男で十七歳の一橋慶喜である。早速、両陣営の間で継嗣争いが始まる。

一方、時代は急展開を見せていた。安政三年（一八五六）、アメリカ総領事のハリスが下田《しもだ》に赴任し、通商条約締結に向けて動き出すと、幕府は交渉を妥結させ、調印を待つばかりになった。ところが外様諸藩から勅許《ちょっきょ》を得るべきとの意見が出され、これに配慮した幕府は、つい朝廷に承認を求めてしまう。

国政上の問題で朝廷の判断を仰ぐという前例は、江戸幕府開設以来なかったが、国論を統一し、挙国一致体制を築きたい幕府としては、朝廷の古びた権威をも利用しようとした。それが毒酒だということを知らずに。

勅許は単なる形式と思っていた幕府だったが、朝廷の強硬な反対に遭い、勅許が得られなくなった。ここから朝廷と幕府の確執《かくしつ》が始まる。

ところが安政五年（一八五八）四月、大老の座に就いた井伊直弼により、六月、日米修好通商条約の締結と慶福の継嗣決定が発表される。七月には十三代将軍家定が死去したことを受けて、慶福が家茂と改名して将軍の座に就いた。

これでは、朝廷の面目が丸つぶれだ。激怒した孝明天皇は、これまで幕府を通じて諸藩に通達していた勅書を直接、水戸藩に下す（戊午《ぼご》の密勅）。密勅の内容はさしたるものではなかったが、幕府をないがしろにされたことが井伊の怒りに火をつけ、安政の大獄《たいごく》が始まった。

この時、密勅は水戸藩の陰謀によるものと断定した井伊は、斉昭には永蟄居、慶篤には差控《さしひかえ》（謹慎）を命じ、密勅降下にかかわった家老たちを切腹や斬首《ざんしゅ》に処した。

ところが安政七年（一八六〇）三月、井伊が江戸城桜田門外で暗殺される。

この事件は、関鉄之介をはじめとした水戸藩尊攘派の脱藩浪士十七名と薩摩藩脱藩浪士一名が行ったもので、歴史の転換点となる大事件だった。

これで斉昭が幕政の中心に座ると思っていた矢先の万延元年（一八六〇）八月、斉昭が急死する。享年は六十一だった。

斉昭は毀誉褒貶《きよほうへん》の激しい人物だったが、己の信念を曲げずに幕閣にも意見し、またその内容も的確だった。そうでなければ松平春嶽、島津斉彬、伊達宗城、山内容堂ら綺羅星《きらぼし》のごとき名君たちが、斉昭を支持することはなかったはずだ。

一方、井伊から幕政を引き継いだ老中たちは、孝明天皇の妹の和宮を将軍家茂に降嫁《こうか》させて朝廷との融和を図ろうとするが、その代償として、日米修好通商条約の破棄と攘夷実行を約束させられた。

文久三年（一八六三）五月十日をもって幕府が攘夷決行を朝廷に約束したことで、水戸藩尊攘派は狂喜する。藤田小四郎に至っては、桂小五郎や久坂玄瑞ら長州藩士と頻繁に会合し、攘夷決行の具体策を詰め始めた。

ちなみに小四郎たち水戸藩尊攘派は、この頃、すでに天狗党と呼ばれていた。この呼び名は、斉昭が天保の藩政改革を実施した際、下士層から多くの登用を行ったことに危機感を抱いた上士層、いわゆる保守門閥派が、下士層に対して呼んだのが発端だった。

水戸藩士は過激尊攘派の天狗党、穏健尊攘派の鎮派《ちんぱ》、佐幕派の諸生党に三分され、血で血を洗う派閥抗争を開始する。

長州藩が京都政界を牛耳っていた文久三年半ばまでは、時勢を反映して天狗党が優勢だったが、五月十日になっても国を挙げての攘夷は決行されず、逆に八月十八日の政変により、京洛の地から長州藩勢力が一掃されることで、諸生党優位に転じる。

京都政界は、前越前福井藩主の松平春嶽や薩摩藩主後見役の島津久光ら公武合体派が主導権を握り、開国政策を推し進めようとしていた。

一方、幕府の開国政策で生糸が輸出され、逆に安価な綿糸や綿織物が輸入されることによって物価は急騰し、民が困窮《こんきゅう》にあえいでいることに、小四郎たちは義憤を感じていた。とくに北関東の綿作農家は壊滅的な打撃をこうむり、一家心中が相次いでいた。

つまり彼らの唱える尊王攘夷思想とは、観念的なものではなく、水戸学の思想の一つである「愛民」に裏付けられた、やむにやまれぬものだった。

元治元年（一八六四）三月、小四郎たち天狗党六十人余は筑波山《つくばさん》に登り、幕府に横浜《よこはま》を鎖港《さこう》させて攘夷実行を促すべく、全国の有志に決起を呼びかけた。朝廷に接近した慶喜が、禁裏御守衛総督《きんりごしゅえいそうとく》に任命された二日後のことだ。

この頃、幕府と距離を取っていた慶喜は、京都守護職の会津藩と同所司代の桑名藩の軍事力を背景に、一会桑《いっかいそう》勢力を組織し、京都政界を支配しようとしていた。ここでの一とは、慶喜が養子入りしている一橋家の頭文字である。

同じ頃、水戸城下では天狗党の筑波山挙兵により、大混乱が巻き起こっていた。

七月、下妻《しもつま》の戦いで幕府軍を破った天狗党は、諸生党が占拠する水戸城下に攻め入った。ところが、ここで天狗党は惨敗を喫する。敗因は多々あるが、幕府軍を破った自信が油断につながり、また城というものの抗堪《こうたん》力を侮ったこともあろう。

これにより天狗党は危機に瀕《ひん》するが、諸生党の水戸城占拠を快く思っていない鎮派らの働き掛けによって、支藩の宍戸《ししど》藩主・松平頼徳《まつだいらよりのり》による大発勢《だいはつぜい》一千余が江戸で組織され、水戸に攻め上ってきた。ところが大発勢が天狗党や武田耕雲斎率いる部隊を吸収し始めたため、幕閣は諸生党支持に転じる。

結局、幕府軍の支援を受けた諸生党軍が、那珂湊《なかみなと》をめぐる戦いなどで大発勢を破り、大発勢は降伏した（頼徳は切腹）。

この時、天狗党は戦場を離脱し、武田隊と合流して一千余となり、上洛して慶喜に諸生党の非道を訴えようとなる。これにより天狗党の西上行が始まった。

その苦難の道のりと幾多の激戦は、室伏勇《むろふしいさむ》氏の『天狗党追録』（暁印書館）を読んでいただきたいが、どのような障害があろうと素志を貫徹しようとする彼らの意志の強さこそ、

「耕雲斎筑波山籠」（明治10）。筑波山で挙兵した武田耕雲斎と天狗党を河鍋暁斎が描いた錦絵（水戸市立博物館所蔵）

水戸人気質を表しているように思う。

だが慶喜は、己の政治的立場の脆弱《ぜいじゃく》さから、天狗党の嘆願を受け入れる余裕はなかった。

会津・桑名両藩の軍事力を背景にして、朝廷、幕閣、西国雄藩の間に立ち、京都の政界を牛耳ることを目論《もくろ》む慶喜にとって、藩内の派閥争いを京都に持ち込んでくる天狗党は、迷惑この上ない存在だった。

元治元年の末、天狗党は雪深い越前国の敦賀《つるが》付近まで来たところで、行く手に立ちはだかった加賀藩軍の降伏勧告に応じることにする。

かくして天狗党の乱は一件落着するが、残る問題は降伏した天狗党の処置である。

天狗党を受け入れた加賀藩は助命に奔走するが、嘆願は慶喜に認められず、天狗党は幕府軍に引き渡されることになった。これにより天狗党隊士三百五十二人は、敦賀で斬首刑となり、水戸藩士および水戸藩脱藩浪士の政治活動は終焉《しゅうえん》する。

だが、慶喜の未来も明るいものではなかった。

慶喜は長州処分問題や条約勅許問題などで、その後も暗躍を続けるが、周囲の信用を失い、会津・桑名両藩なくして、その拠《よ》って立つ権力基盤は危ういものとなっていった。

とくに慶喜と一会桑勢力が断固として譲らなかった長州征討だが、慶応二年（一八六六）の第二次征討が無残な敗北に終わり、幕府の権威は失墜する。

こうした最中に将軍家茂が病死し、慶喜が十五代将軍の座に就く。ところが慶喜を高く評価していた孝明天皇が、慶喜の将軍就任から二十日後に崩御《ほうぎょ》してしまう。これにより庇《ひ》護《ご》者を失った慶喜は、倒幕勢力を抑え込むことができなくなる。

遂《つい》には、かつて公武合体論を唱えていた薩摩藩が水面下で長州藩と手を組み、倒幕の動きを見せ始めたため、慶喜は土佐藩の勧めに従い、慶応三年（一八六七）十月、大政を奉還する。

その後、王政復古のクーデターが起こされ、鳥羽・伏見の戦いが起こり、それに敗れた慶喜が江戸に逃げ帰ることで、徳川家自体も崩壊する。

明治新政府によって慶喜は隠退を強いられ、徳川家は駿河《するが》七十万石の一大名となり、命

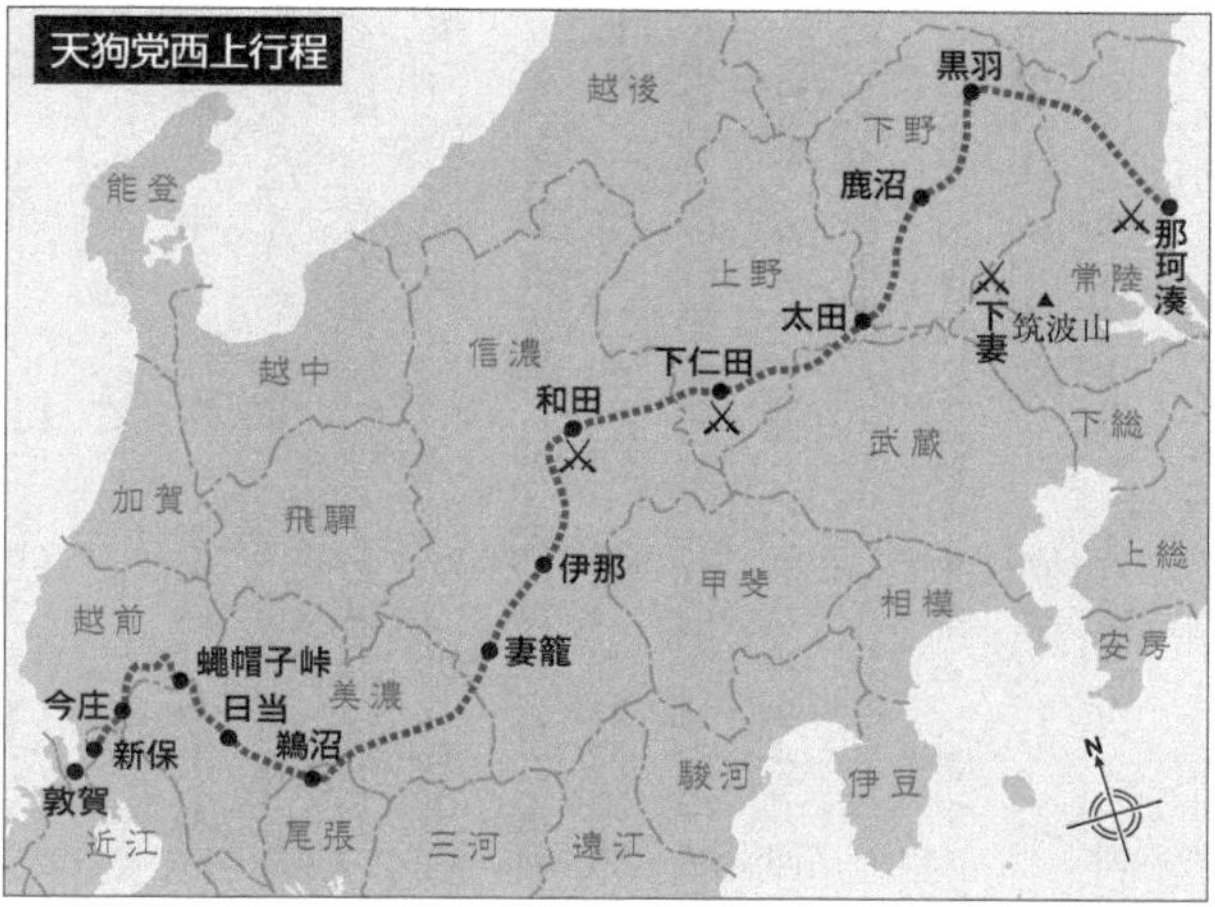

脈を保つだけの存在になる。

だが、水戸藩の抗争には第二幕があった。

天狗党が処刑されたことで、水戸藩内の抗争に終止符を打ったと思った諸生党は、武田耕雲斎や藤田小四郎の首を水戸城下で晒《さら》し、幹部の家族をことごとく処刑した。その中には三歳から十五歳までの子供六人も含まれ、さらに二歳の子までもが獄死させられた。

天狗党幹部の血を根絶やしにした諸生党は、枕を高くしてわが世の春を謳歌《おうか》していた。だが慶喜が大政奉還し、徳川家が崩壊することで、彼らの春は短期間で終わった。

それでも他藩のように、薩長の新政府に頭《こうべ》を垂れれば、諸生党幹部たちの座は安泰かと思われた。ところが敦賀で、耕雲斎の十八歳の孫が処刑されずに生き残っていたのだ。

武田金次郎《きんじろう》である。

慶応四年（一八六八）正月、金次郎は朝廷に水戸藩の「除奸反正《じょかんはんせい》」を奏請《そうせい》し、その勅許を賜った。

五月、官軍として堂々と東海道を下った金次郎は、江戸城に入り、朝廷の命を藩主・慶篤に伝えると、水戸に向けて進軍を開始する。

この知らせを聞いた水戸城下は大混乱に陥った。だが、いまだ奥羽越列藩同盟も健在である。諸生党は水戸城に籠って防戦態勢を布《し》こうとしたが、反乱が起こり、城を奪われてしまう。やむなく諸生党五百余は水戸城下を脱出し、会津方面へと落ちていった。

諸生党が去った後、故郷水戸の土を踏んだ金次郎は、一族がことごとく殺されたことを知って激怒する。

さらに諸生党に不運が重なる。この内訌《ないこう》を収めようと、重病を押して水戸に帰った藩主慶篤の病状が急変し、そのまま亡くなってしまったのだ。

水戸に残る諸生党や中立派を次々と虐殺した金次郎らは、脱出した諸生党を追う旅に出た。しかし、越後まで逃げ延びた諸生党は粘り強く抵抗を続け、遂には隙を突いて水戸城下に潜行し、弘道館を占拠した。

水戸城に拠った体制派と諸生党の間で激戦が展開されたが、諸生党はこの戦いに敗れ、下総方面まで逃走した末、ことごとく討ち取られた。

水戸藩尊攘派は最終的に勝利を得た。だが、維新の功労者たちが死に絶えてしまった水戸藩士たちに、明治新政府の席はなかった。

かくして水戸藩の幕末は終わった。天保十年（一八三九）の水戸藩家臣団名簿には、三千四百四十九人の名が記されている。しかし慶応四年（一八六八）には、それが八百九十二人に減っている。その理由は、もはや記すまでもないだろう。

二本松藩

——義に殉じて徹底抗戦を貫いた東北の誇り

二本松市街地の北に位置する二本松城跡。応永21年（1414）に畠山満泰が築城したといわれている（二本松市教育委員会提供）

二本松藩の家老の一人・丹羽《にわ》一学《いちがく》は、城下に迫った新政府軍を前にした最後の家老会議で、こう述べたとされる。

「三春《みはる》藩信《しん》に背きて西軍を城中に引く。神人《じにん》ともにそれを怒る。我にして今、同じことを行えば、人これ何と言うか。また西軍に降《くだ》りて、一時の社稷《しゃしょく》を全うしても、東北諸藩を敵に回せば、いずれは滅ぼされる。すなわち降るも亡《ほろ》び、降らざるも亡ぶ。亡《ほろび》は一のみ、寧《むし》ろ死を致して信を踏まんのみ」

この一言で二本松藩は、新政府軍に対して徹底抗戦の道を歩むことになる。

その悲劇的な結末は、もはや語るまでもないが、彼らが武士の矜持《きょうじ》を守り、義に殉じたことだけは確かである。

二本松藩は、なぜ「徹底抗戦」の道を歩んだのか。それは致し方ない選択だったのか。本章では、そのやむにやまれぬ理由を探っていきたいと思う。

丹羽長秀《ながひで》という名を知らない方は、もはや少ないのではないだろうか。戦国時代、織田信長の天下取りの一翼を担い、主に行政面や普請作事といった分野で辣腕《らつわん》を揮《ふる》った長秀は、いわゆる戦国期のテクノクラートの代表的人物である。

その長秀を始祖とし、その不器用な性格を体現したかのような藩が二本松藩である。

寛永二十年（一六四三）、丹羽長秀の孫にあたる光重《みつしげ》が二本松に入部することで、二本松藩は発足する。以後、移封も減封《げんぽう》もなく、安達《あだち》・安積《あさか》両郡十万石余を領国として、二本

二本松丹羽家の初代・長秀の肖像（大隣寺所蔵）

松藩丹羽氏は二百二十八年にわたって続いていく。

初代長秀と二代長重《ながしげ》の時代、丹羽氏は若狭《わかさ》・越前・加賀三国にまたがる百二十三万石もの所領を有していた。だが様々な事情から減封され、加賀小松《こまつ》十二万石に落とされていた。そこで関ヶ原合戦を迎える。この時、長重は西軍に味方したため、戦後、徳川家康によって改易に処された。こうした要領の悪さは、実はこの藩の伝統なのだ。

それでも紆余曲折《うよきよくせつ》を経た後、長重は白河十万石に入封し、さらに光重の代になってから、同規模の石高で二本松へと移封になる。

こうした経緯からお分かりのように、関ヶ原での選択ミスを帳消しにしてもらったことで、丹羽氏は徳川氏に強い忠誠心を持つに至った。

二本松藩領は、陸奥《むつ》国の安達郡全域七万石弱と安積郡の大部分の三万石余から成っており、新田開発によって、幕末の石高は十一万六千六百石になっていた。

東から北に相馬中村藩、北から西に福島藩、西から南に会津藩、南から東に三春藩と藩領を接しており、とくに会津藩領と接していたことが、二本松藩の運命を決することになる。

二本松藩の特徴としては、まず善政が挙げられる。家老たちが不作・凶作・災害時の年貢減免措置を誠実に実行したため、入封してから大きな一揆《いっき》は一度しか発生しなかった。だが幕府の「御手伝普請《おてつだいぶしん》」などにより、藩財政は慢性的に窮迫しており、それを打開するために藩政改革を積極的に行った。とくに原林原野の開発に力を注ぎ、農業改革や民間金融業の活性化まで行い、官民共に苦境を脱しようとしたが、その度に天明《てんめい》や天保の大凶作に襲われ、財政再建は遅々として進まなかった。

こうした最中の嘉永六年（一八五三）、ペリー艦隊が来航し、海防の重要性が叫ばれ始めると、二本松藩は幕府から上総国の富津砲台の守備を任され、江戸や京都の警衛にも就かされた。

二本松藩が初めて実戦を経験したのは、元治元年（一八六四）の天狗党の乱である。この時、数度にわたって激戦に投入された二本松藩兵は、四名の死者を出した。

慶応三年（一八六七）十月、将軍慶喜は大政を奉還したが、十二月には王政復古の大号令が発せられ、慶喜は辞官納地を命じられる。

これを不服とした慶喜と会津・桑名両藩は、翌慶応四年（一八六八）正月、上洛《じょうらく》を強行し、鳥羽・伏見の戦いが勃発《ぼっぱつ》する。ところが旧幕府軍は惨敗を喫し、慶喜は江戸に逃げ帰ることになる。

一方、新政府軍は勅書を奉じて東下してくることになった。しかし慶喜が謹慎恭順の姿勢を貫いたため、新政府軍の矛先は会津・庄内両藩に向けられた。

三月、九条道孝が奥羽鎮撫《ちんぶ》総督として仙台に赴任してくる。九条は奥羽諸藩に対して会津・庄内両藩の追討を命じてきた。

この時点では、会津・庄内両藩を除く東北諸藩は新政府に恭順していた。二本松藩も、その流れに乗る形で新政府軍側になっていた。

ところが鎮撫総督府の実権は、下参謀の世良修蔵（長州藩）と大山格之助（薩摩藩）に握られており、総督の九条や副総督の沢為量《ためかず》はお飾りにすぎなかった。

下参謀の二人を中心とした鎮撫総督府は傲慢《ごうまん》で横暴だったとされるが、そうした世良たちの態度に、仙台藩士たちの不満は高まり、閏《うるう》四月二十日、世良が暗殺される。

これにより仙台藩を中心にした東北諸藩は覚悟を決めた。

各地に檄《げき》が飛ばされ、奥羽二十五藩は新政府軍と戦う方針で一決する。その後、新発田《しばた》藩や長岡藩といった越後諸藩も加わり、最大三十一藩加盟による奥羽越列藩同盟が結成された。

歴史にイフは禁物だが、「世良暗殺がなかったら会津・庄内両藩は赦免されていた」という説が、今でも根強く支持されている。果たしてそうだろうか。薩長両藩を中心とした新政府は、その威令を東北にまで及ぼすため、生贄《いけにえ》を必要としていたに違いない。

会津・庄内両藩を討伐することで、東北諸藩の気力をくじいておくことが、新政府には必要だった。結局、東北戊辰戦争を行ったことで、版籍奉還や廃藩置県といった大改革は大きな混乱もなく行われ、西国の不平士族が相次いで反乱を起こした際にも、東北地方は沈黙を守ったどころか政府に味方した。

西南戦争の折も、東北地方の若者たちは新政府軍の兵士に志願し、西郷隆盛率いる薩軍と戦うことになる。彼らは賊軍と呼ばれる屈辱を払拭《ふっしょく》し、官軍になりたい一心で、田原坂《たばるざか》に屍《しかばね》の山を築いていった。

こうした結果を前にしてしまえば、薩長の新政府にとって、東北戊辰戦争は行う意義のある戦いだったと言える。

さて、二本松藩である。こうした情勢変化の中で、二本松藩が何を考え、何を決断していったのかはよく分からない。同盟軍に加盟して新政府軍と戦うことに疑義を呈した家臣は、どうやら一人もいなかったようだ。

他藩には勤王派の家老や家臣がおり、いざとなれば、彼らが窓口となって新政府軍と交渉することになるのだが、そうした者が出なかった結束の固さが、逆に二本松藩の悲劇を生むことになる。

二本松藩は、派閥抗争のない六人の家老たちの合議によって、藩政が動かされていた。列藩同盟の一員として戦うという決定がなされた後は、とくに大きな動揺や異論もなく最終段階まで突き進んでいった感がある。つまり個性的なリーダーの不在が、よかれ悪《あ》しかれ最後まで響いたのではないだろうか。

閏四月二十日、会津藩が白河に進駐することで、東北戊辰戦争の幕が切って落とされた。白河城は長らく番城《ばんじろ》となっており、この時は新政府軍側として、仙台・二本松・棚倉三藩の兵が守っていた。だが、すでに会津・仙台両藩は水面下で手を握っており、会津藩の進駐と同時に仙台藩は城を出た。ところがこれを知らされていない二本松藩は、番役だったこともあり、律儀に会津藩と干戈《かんか》を交え、二名の死者を出して城から追い落とされた。

何とも空《むな》しい話だが、二本松藩が両藩から見下されていたのは間違いない。だが、こうした仕打ちに怒ることもなく、二本松藩は同盟軍に鞍替《くらが》えして新政府軍と戦うことになる。

二十五日、新政府軍が白河に侵入してくることで、戦闘が開始された。この戦いは不期遭遇戦となったため、新政府軍は兵器の優位性を生かせずに敗退した。

新政府軍の死者は十六（対する同盟軍は八）、負傷者は五十一を数え（対する同盟軍は四十）、戊辰戦争を通じて、一つの戦闘で新政府軍が出した最大の損害となった。

この勝報を受けた二本松藩は二十七日、六個小隊約百五十人を白河に派遣する。だが二十日のこともあって疑心暗鬼に陥り、進軍を遅らせていた。

一方、仙台藩兵千二百や会津藩兵四百が白河に到着し、二千六百余の兵力となった同盟軍の意気は騰《あ》がっていた。

五月一日、こちらも増強された新政府軍により、白河奪還作戦が開始される。ところが勝敗は二時間ほどでつき、同盟軍は二千六百人中、三百五十五人もの戦死者を出して撤退する。この時の新政府軍の兵力は八百余にすぎず、兵器の差は歴然だった。

結局、二本松藩はこの戦いに参加しなかったが、この時が新政府軍に恭順するチャンスだった。もちろんその姿勢をあらわにしてしまえば、同盟軍から袋叩《ふくろだた》きに遭うので、慎重に事を運ぶ必要はある。だが二本松藩軍を率いていた筆頭家老の丹羽丹波《たんば》は、律儀にも同盟軍に加わってしまう。このあたりの要領の悪さも、丹羽長秀以来の伝統だろう。

その後、数度にわたって奪還作戦が行われたが、同盟軍はことごとく退けられた。

六月半ば、奥羽鎮撫総督府は奥羽征討総督府へと名称を変更し、人事も一新した。総督は相変わらず公家《くげ》だったが、板垣退助（土佐藩）と伊地知《いじち》正治《まさはる》（薩摩藩）という軍才のある二人が、実質的な指揮を執ることになった。

白河を制した新政府軍は、次の目標を棚倉に定めた。本来なら奥州街道を直進し、須賀《すか》川《がわ》・郡山《こおりやま》・本宮《もとみや》を経て二本松を通って会津盆地に出ればよいのだが、須賀川には同盟軍五千が駐屯しており、千五百にすぎない新政府軍には、荷が重いと考えたのだ。

そこで板垣は奥州脇街道を使い、棚倉経由で会津に向かうことにした。

だが奥州脇街道は、棚倉と三春を経て二本松に至るため、まず棚倉・三春両藩を屈服させねばならない。

板垣は自ら七百の兵を率いて棚倉に向かい、伊地知は八百の兵と共に白河に残り、須賀川の同盟軍の来襲に備えた。

棚倉には、棚倉藩兵のほかに仙台・相馬中村両藩からも応援部隊が駆け付けてきていたが、棚倉藩は戦わずして降伏し、その東に藩境を接する磐城三藩（泉《いずみ》・湯長谷《ゆながや》・磐城平《たいら》）も、七月十三日の磐城平城の陥落を機に白旗を掲げた。

二十四日、一カ月にも及ぶ棚倉滞在の後、ようやく板垣支隊の進軍が再開された。ところが三春藩は、すでに降伏で藩論を一致させており、二十六日、板垣支隊を迎え入れてしまう。

この時、三春藩領の防衛拠点である小野新町《おのにいまち》には、二本松・仙台の両藩兵が支援部隊として進駐していた。ところが、すでに敵に内通していた三春藩兵は、磐城方面から板垣支隊が迫ると聞くや逃げ出し、二本松・仙台の両藩兵は置き去りにされた。その結果、両藩は七名ずつの死者を出して壊滅する。しかも逃走してきた両藩兵に対して、三春藩兵は発砲までしたという。

これにより、東北戊辰戦争の主戦場は二本松へと移動する。

二本松を攻略するにあたって、新政府軍は奥州街道の本宮を経由する部隊と、脇街道の小浜《おばま》を経由する部隊に分かれて進軍することにした。

この頃、二本松藩軍は三春藩領との国境まで兵を出しており、三春藩を背後から支えるつもりでいた。

二十七日未明、三春と本宮の中間辺りにある糠沢《ぬかざわ》村を最前線拠点にしていた二本松藩は、板垣支隊に寝込みを襲われ、二十六名もの戦死者を出した。

糠沢村にいた二本松藩兵は、三春藩が裏切るとは全く思っておらず、完全に油断していたのだ。言うまでもなく地理不案内な板垣支隊が、こうまで見事に奇襲を成功させた陰には、三春藩兵の嚮導《きょうどう》があった。

戦国期はもちろんだが、幕末でも降伏した藩は、次の戦いにおいて先鋒《せんぽう》を担わされるのが常だ。そこには、忠誠心を試すと同時に懲罰的な意味がある。しかし、たいていの藩は、それまでの味方を積極的に攻められず、意気は騰がらない。そのため結局、薩長土肥の兵が、最前線に出て戦わざるを得なくなる。

だが三春藩は降伏後、積極的に新政府軍に協力し、同盟軍を攻める先鋒となった。すなわち三春藩だけは、功を挙げようと懸命に働いたわけである。

こうしたことが積み重なった末、明治以降、二本松と三春の関係は極度に悪化し、二本松では「三春キツネにだまされた」という俗謡《ぞくよう》が流行《はや》り、双方の婿と嫁のやりとりも途絶えたという。それは現代になっても変わらず、平成十七年の市町村大合併の際にも、両者だけは頑として譲らず、結局、合併話が流れるほどだった。

つまり三春藩は、そこに住む人々が後代まで背負わねばならない重荷よりも、藩組織の保持を選んだのだ。致し方ない選択と言ってしまえばそれまでだが、数年後に廃藩置県が行われることを思えば、何とも空しい思いがする。

三春と本宮の間には、東北屈指の大河の一つである阿武隈《あぶくま》川が流れている。この辺りの

霞ヶ城公園（二本松城跡）の二本松城跡箕輪門前に佇む、二本松少年隊群像（二本松市教育委員会提供）

川幅は河口付近で百メートルを超え、水深も十二メートルはあったので、容易には渡河されないと思われていた。

それゆえ二本松藩兵は河畔の高木村《たかぎ》に陣を布《し》き、敵の渡河を阻止する構えでいた。だが、三春藩兵の嚮導を受けた板垣支隊は、上流に回って渡河に成功し、高木村に奇襲を掛けてきた。この戦闘の結果、二本松藩兵三十一名が戦死する。糠沢村の戦い同様、この時も新政府軍に死者はいない。

悲しいかな二本松藩兵は戦慣れしておらず、糠沢村では、不寝番を置かずに篝火《かがりび》を焚《た》いて寝るという失態を犯し、高木村では、索敵が不十分で敵に虚を突かれた。むろん、こうした失態は、ひとえに三春藩が裏切らないと信じていたからこそ起こったものだ。

この勢いで本宮も容易に攻略され、二本松藩軍は二十四名の死者を出して撤退した。

それでも二十七日の夕方、須賀川に残る同盟軍が北上を開始し、板垣支隊の背後を突いた。ところが警戒していた板垣支隊の反撃を食らい、五十名余の死者を出して撤退してしまう。

一方、脇街道を通った渡辺《わたなべ》支隊（大村《おおむら》藩士の渡辺清《きよし》が隊長）は、一戦も交えることなく二本松城下に迫ることができた。

本宮と小浜まで進んだ新政府軍は、二本松藩が降伏してくると考え、二十八日一日だけ様子見をすることにした。降伏の使者を待っていたのだ。

しかも板垣らは、藩主どうしが親戚《しんせき》の大垣《おおがき》藩から勧降使を派遣した。だが二本松藩は降伏を拒否する。それは、ひとえに会津藩攻撃の先鋒とされることを嫌ったからだとされている。これは会津藩に義理立てしたというよりも、士気が高く装備も充実した会津藩兵と戦えば大損害をこうむるのは目に見えており、それなら義に殉じた方がましと考えたのだ。

冒頭の丹羽一学の言葉は、この時に発せられたものだった。

考えてみれば二本松藩は、新政府軍の主たる攻撃目標ではない。すでに百人以上の死者

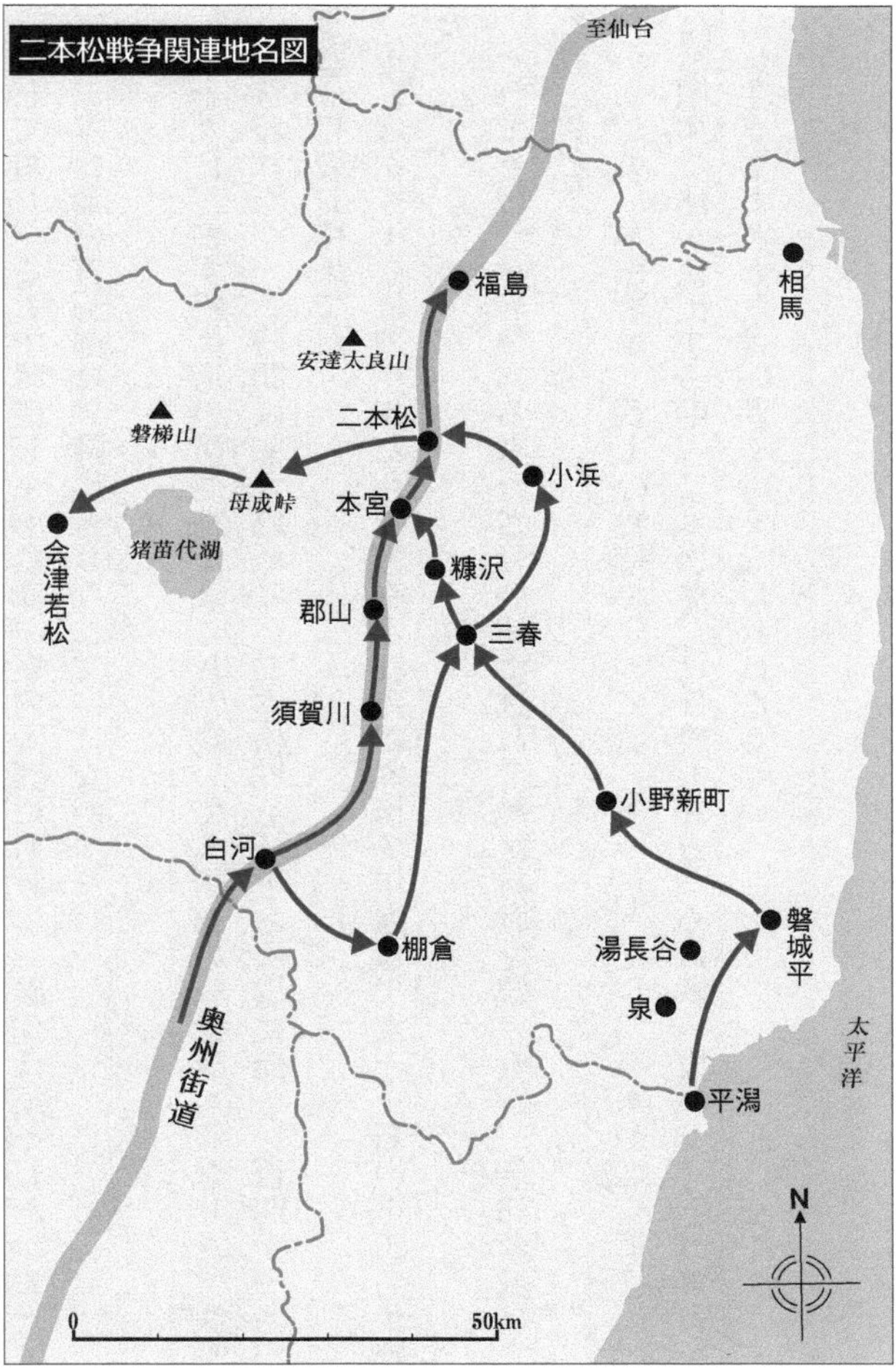
二本松戦争関連地名図
至仙台
福島
相馬
安達太良山
磐梯山
二本松
母成峠
小浜
本宮
会津若松
猪苗代湖
糠沢
郡山
三春
須賀川
小野新町
白河
磐城平
棚倉
湯長谷
泉
太平洋
平潟
奥州街道
N
0
50km

を出しており、ここで降伏しても会津・庄内両藩に対して「義理は果たした」ことになる。だが二本松藩の首脳部に、降伏という二文字はなかった。

二十九日、まず脇街道の防衛線が破られ、続いて本街道の守備隊も壊滅した。決戦は城下で行われたが、二時間ほどで終わり、二本松城も城下も灰燼《かいじん》に帰し、百四十一名が戦死または自刃《じじん》して果てた。

十二歳から十七歳の少年たちで編制された二本松少年隊も、六十一名中十四名が戦死した。

それでも戦う意志のある者たちは会津に逃れて徹底抗戦を続けたが、会津落城によってそれも終わる。

かくして二本松藩は、武士の矜持を守って潰《つい》え去った。だが、草木が靡《なび》くように新政府に恭順する藩が続出する中、二本松藩だけは義を守るために戦い抜いた。その事実を、今日に生きるわれわれは、深く考えなければならない。

長州藩

——新時代の扉を開いた
リアリストたち

山口城表門（旧山口藩庁門）（山口県立山口博物館提供）

水戸藩と共に新時代の黎明《れいめい》を呼び込んだのが長州藩だろう。しかも水戸藩が内訌《ないこう》の激化によって失速し、明治維新後は全く振るわなかったのとは対照的に、長州藩はライバルの薩摩藩との政治闘争を勝ち抜き、最終的に最も大きな果実を手にしたと言える。

天狗党に代表される水戸藩尊王攘夷《じょうい》派が頑《かたく》なまでに純粋だったことに比べ、長州藩は硬軟取り混ぜた二面性を持ち得たことが、最後に勝利を摑《つか》んだ秘訣《ひけつ》だったように思う。

本章では、無謀さとしたたかさが共存する長州藩の幕末に迫っていきたい。

「そうせい侯」と呼ばれる毛利《もうり》慶親《よしちか》（敬親《たかちか》）が藩主となったのは天保八年（一八三七）で、翌年には村田《むらた》清風《せいふう》が長州藩の実質的執政の座に就き、天保の藩政改革が始まった。

それまでの長州藩は莫大《ばくだい》な累積債務を抱え（一説によると百八十万石余）、藩財政は火の車だった。そのため村田は、あらゆる分野にわたって改革を断行する。

中でも赤間関《あかまがせき》（下関）に越荷《こしに》会所を設置したことは特筆すべきだろう。村田は西回り航路を使う船のために赤間関に倉庫を造り、金融機能を持たせ、大坂の市況に応じて商品の出荷を行えるようにした。これにより長州藩に入る運上金は莫大になり、藩財政の立て直しに貢献した。だが大坂商人にとっては、はなはだ迷惑な話で、さらに、その背後で甘い汁を吸っていた幕府からもにらまれることになる。つまり長州藩と幕府の対立は、商品経済の発展に伴う利権の奪い合いから始まったのだ。

安政年間（一八五四～一八六〇）、幕府との関係悪化の責任を取る形で村田が身を引くと、その弟子的存在の周布《すふ》政之助《まさのすけ》が頭角を現し、藩政の主導権を握った。吉田松陰が、安政の大獄によって処刑されるのはこの頃のことだ。

当時の長州藩の政治思想は、長井《ながい》雅楽《うた》が文久元年（一八六一）に提唱した『航海遠略策』を基本としていた。これは公武合体論をベースにした開国論で、幕府や朝廷の知識階級に好評だったが、吉田松陰の思想を信奉する久坂玄瑞らによって排斥され、長州藩の藩論は尊王攘夷にシフトしていく。

上下関係が厳しく、目上の者に反論できない薩摩藩と異なり、談論風発なのが長州藩の特徴である。そうした藩風によって松下村塾《しょうかそんじゅく》出身者たちの意見も取り上げられ、若者たちが台頭していくことになる。

翌文久二年（一八六二）、孝明天皇が攘夷に傾倒するようになり、また藩論も、松下村塾出身者らによって尊王攘夷一色になっていくことで、『航海遠略策』は急速に色あせていく。

同年四月、薩摩藩の島津久光が一千余の兵を率いて京都に乗り込み、尊攘派藩士や浪士たちを取り締まり（寺田屋事件）、公武合体派の主導権を握った。続いて久光は勅使を伴って江戸に向かい、英名の誉れ高い一橋慶喜を将軍後見職に就けるよう幕閣に勧め、これを認めさせた。ここに薩摩藩が、雄藩のリーダーとして登場してくる。

しかし久光が江戸に行っている八月、長州藩主の毛利慶親が上洛《じょうらく》し、朝廷に攘夷を訴えることで、再び京都では尊攘論が主流になる。

同年十二月には、品川御殿山《ごてんやま》に建設中だった英国公使館が、高杉晋作《たかすぎしんさく》、久坂玄瑞、伊藤俊輔《しゅんすけ》（後の博文）、井上聞多《いのうえぶんた》（後の馨《かおる》）らによって焼き討ちにされる。

この事件は、思想的な純粋性から来ているというより、長州藩が尊攘派の旗頭であることを内外に示す、多分にプロパガンダ的な行動によるものだった。

そして文久三年五月十日、すでに攘夷の勅許を得ていた長州藩は、外国船への砲撃を行った。ところが翌月、諸外国の反撃に遭い、赤間関の砲台を占領されてしまう。これにより長州藩は即座に諸外国との間に講和条約を締結し、関門《かんもん》海峡の自由通行を保障する。

写真上段右から伊藤俊輔、野村弥吉、遠藤謹助。下段右から山尾庸三、井上聞多。彼ら５名の長州藩密航留学生は長州五傑（長州ファイブ）とも呼ばれている（萩博物館所蔵）

長州藩の変わり身の早さに驚いた諸外国は、自分たちの艦隊の威力に恐れをなしたものと思い込むが、実は長州藩にとっては予定された行動だった。

この時以来、長州藩は、国内には「尊王攘夷」を、諸外国には「開国和親」というダブルスタンダードを持つことになる。

また、この戦いを機に、高杉晋作は奇兵隊を始めとした諸隊の編制を開始する。諸隊には藩士もいたが、大半は武士以外の階層に属する者たちで、武士ではない者が準正規兵になるという全く新しい概念の軍隊だった。諸隊には、武器と俸給《ほうきゅう》が藩庁から支給され、幹部の任免は藩庁が行っていることから正規兵という見方もできる。

こうした長州藩の暴走に対して、このままでは倒幕まで突き進むと案じた公武合体派公家《くげ》や会津・薩摩両藩によって、八月十八日の政変が画策される。

会津藩兵二千と薩摩藩兵八百が御所の門を制圧し、三条実美以下七名の長州派公家を締め出し、長州藩兵も堺町御門《さかいまちごもん》警備の役を解かれて追い払われた。

この政変は成功し、京都に駐屯していた長州藩兵は、公家たちを連れて国元に引き揚げることになる。

ここで長州藩の尊王攘夷思想について考えてみたい。

そもそも長州藩は、『航海遠略策』を藩の基本方針としていたように、開国に否定的な藩ではなかった。ではなぜ、「開国」→「尊王攘夷」→「倒幕」という流れになったのだろうか。

まず尊王思想だが、安政五年（一八五八）、大老の井伊直弼が勅許を得ずして日米修好通商条約に調印したことに原因がある。いわゆる「違勅調印」である。幕府が朝廷をないがしろにしたと考えた長州藩は、これ以降、反幕姿勢を明確にする。

では、なぜ長州藩だけが、それほど怒ったのだろう。

実は毛利氏の先祖は、鎌倉幕府の草創期に活躍した大江広元《おおえのひろもと》であり、広元は本を正せば公家の出だったと言われる。そのため代々、長州藩は朝廷との関係が深く、幕府黙認の下、朝廷側も特別待遇をしてきた。こうしたことから、上下そろって朝廷に対する憧《あこが》れが強く、朝廷の外護者のような感覚を持っていた。

続いて攘夷思想だが、吉田松陰でさえ開国を頭から否定しているわけではなく、海外の文物を取り入れることには肯定的だった。しかし外圧に屈する形で開国することをよしとせず、そこで「まずは攘夷」という考え方が出てきたのだ。

現に木戸孝允などは、文久二年の時点で「いったん攘夷を決行した後は、こちらから積極的に開国していこう」「一敗地に塗《まみれ》るは、辞する所にあらず」と述べている。

また久坂玄瑞も、「攘夷などに成算はない。まずは主権国家（国体を立てて）としての大義を打ち立てよう」と記している。

つまり負けを覚悟で攘夷を断行し、一敗地にまみれた後、諸外国と対等な立場で国交を結ぼうというわけだ。

われわれ現代人には、なぜ一戦しなければならないか理解できないかもしれないが、当時の武士のメンタリティとして、「手強《てごわ》いところを見せておく」というのは、対等な関係を築く上で必要な行為だった。戦国時代でも、小牧《こまき》・長久手《ながくて》の戦いで、豊臣秀吉に対して徳川家康が手強いところを見せて生き残った事例がある。

長州藩が開国を志向していた裏付けとして、攘夷を実行した文久三年五月十日の二日後、伊藤俊輔や井上聞多ら五人の若者をイギリスに留学させていることが挙げられる。彼らは周布政之助公認の藩費留学生で、周布は資金調達を依頼した地元の商人に対し、「いつかは開国するので、その時に西洋の事情を知らないと不利益をこうむる」と言っている。

これは一見、矛盾《むじゅん》した行動に思われるかもしれないが、こうした建前と本音の使い分けにより、長州藩は幕末から維新にかけてプレゼンスを高めていく。

つまり攘夷志士たちが維新となって突然、開国に転じたのではなく、維新によって、攘夷から開国への方針転換がスムーズに行われただけなのだ。

元治元年（一八六四）、京都から長州藩勢力を駆逐した会津・薩摩両藩は、一橋慶喜、島津久光、山内容堂、松平春嶽、伊達宗城、松平容保という六人の賢侯による参預会議によって、この難局を乗り越えていこうとする。

ところが一橋慶喜と島津久光の間で、攘夷か開国かで対立が生まれる。ここまで開国を支持してきた慶喜が、あろうことか攘夷を主張したのだ。これには裏があり、慶喜は老中連中から、薩摩藩の思惑通りに事を進めてはいけないと耳打ちされていたのだ。

大酒を飲んで会議に参加した慶喜は、久光、春嶽、宗城の三人を「大奸物《かんぶつ》」と罵《ののし》ったため、参預会議は空中分解する。これにより諸侯は帰国してしまい、残った慶喜と容保、そして容保の弟の京都所司代・松平定敬《さだあき》が中心となって一会桑《いっかいそう》（一橋・会津・桑名）政権が樹立される（むろん非公式な政権）。慶喜は将軍後見職をやめて禁裏御守衛総督《きんりごしゅえいそうとく》に就任し、幕閣と距離を取って朝廷に接近していく。

こうした混乱に付け入り、失地を挽回《ばんかい》しようとした長州藩は、京都での政治工作を強め、一気に政変まで起こそうとする。その動きが激しくなるに従い、会津藩御預の新選組も動き出し、六月五日、池田屋事件が起こる。

これにより尊攘派の有為の人材が多く殺され、長州藩の失地回復は頓挫《とんざ》する。

しかし、これで収まらないのが国元である。

遊撃隊総督の来島又兵衛を実質的な総司令官とした長州藩兵は六月、陸続と上洛し、薩摩・会津・桑名藩兵らが守る御所を取り囲んだ。

七月十九日、御所の蛤御門《はまぐりごもん》を中心にして衝突が起こり、長州藩は撃退される。禁門の変である。この戦いとその後の追討戦で、長州藩側の死者だけで二百六十五を数えるほどの惨敗を喫した。ところが、生き残った者たちが国元に戻ったのも束《つか》の間、英米仏蘭の四カ国艦隊が馬関海峡に姿を現し、激しい砲撃を加えてきた。攘夷の報復である。再び砲台を占領された長州藩は、降伏同然の講和を締結する。

この結果、俗論党（佐幕派）が藩政の主導権を握り、正義党（尊攘派）は粛清される。これにより藩論は恭順路線に傾いたが、慶喜らが征長の勅許を得たという情報が入ることで、緊張が高まる。つまり戦わざるを得なくなったのだ。

しかし、ここで長州藩を救う人物が現れる。西郷隆盛である。

西郷は雄藩連合による政治体制を考えており、長州藩を必要としていた。そのため西郷は、上洛軍を率いた三家老の切腹、四参謀の斬首《ざんしゅ》、五卿（病死と脱走で二名減っている）の太宰府《だざいふ》への動座という条件で和談をまとめた。

諸藩軍も長州征討には積極的ではなかった。諸藩は財政的に苦しいだけでなく、この頃になると、阿片《あへん》戦争によって清国が植民地化されたとの情報も入ってきており、時代の空気として、敵は欧米諸国という認識で一致していたことも一因だった。

一方、これに激怒したのが慶喜で、勝手に講和してきた征長総督の徳川慶勝（尾張藩主）や西郷に対して怒りを爆発させる。

それでも慶喜は、再征を主張するわけにはいかない事情があった。この頃、天狗党の上洛問題で頭を悩ませており、それどころではなかったのだ。

同年十二月、高杉晋作ら正義党が赤間関で挙兵し、大田《おおだ》・絵堂《えどう》の戦いで俗論党軍を撃破することで流れが変わる。中立派の藩士から成る鎮静会議員が仲介に入り、さらに藩主の慶親も和解に尽力することで内訌は収まり、俗論党は藩の要路から引きずり降ろされた。

これにより藩内の一致を見た長州藩では、薩摩藩の支援に自信を持ち、「純一恭順」から「武備恭順」に方針を転換した。

大村益次郎《おおむらますじろう》を中心として軍制改革にも取り組み始め、洋式兵法の導入と軍備の近代化が急ピッチで進められる。

これを知った慶喜らは慶応元年（一八六五）四月、長州再征を宣言するが、諸藩の意気は騰《あ》がらず、翌慶応二年六月、ようやく第二次長州征討が始まる（長州藩側からは、この戦いを四境戦争と呼ぶ）。ところが、すでに薩長同盟が裏で締結されており、薩摩藩名義で購入された武器も長州に搬送されていた。

十万余の諸藩軍は大島《おおしま》口・芸州口・石州《せきしゅう》口・小倉《こくら》口の四境から攻め込んだが、薩摩藩から最新兵器の提供を受けている長州藩軍は精強で、芸州口では苦戦したものの、三境では完勝を収めた。これに驚いた慶喜は、ちょうど将軍家茂が病死したことを理由に休戦とし、面目を保とうとした。

幕末には様々な戦いがあったが、四境戦争ほど劇的で、時代の転換点となったものはない。しかも三十六藩十万余の諸藩軍に対し、わずか三千五百余の長州藩軍が完勝したのだ。これが、長州藩にとって最大の岐路だったと言えるだろう。

この勝利の立役者こそ、大村益次郎だった。

大村は洋式兵学の翻訳を自ら行い、戦略から戦術まで軍に関するすべてに携わり、必勝の策を練り上げていた。

戦前、藩首脳部から方針と成算を問われた大村は、防御点と防御線を設定し、線と点を守るのを足軽と農民で編制された「正兵」とし、線の外に出て敵を叩《たた》く役割を「奇兵」、すなわち諸隊に託せば勝てると述べた（『防御線防御点之大略』）。大村にとっては、仏式兵法などに見られる散兵術にすぎなかったが、聞いている重役たちは、その理路整然ぶりに瞠《どう》

大村益次郎肖像。長州征討と戊辰戦争で長州藩兵を指揮し、勝利を収める。兵部省の初代大輔を務め、日本陸軍の創始者とも言われる（山口市歴史民俗資料館所蔵）

目《もく》したという。石州口参謀として前線に出た大村は、彼我の陣形や武器を知り、勝つのは当然と見越し、石見国《いわみ》の浜田藩《はまだ》領を占領して勝ちを確定させると、兵の損耗を避けるべく守勢に転じ、新たな占領地の民心の安定に努めた。まさに憎いばかりの天才児ぶりである。

この戦いで大村は伏兵を多く用いた。つまり一部の兵が迎撃して敗走し、伏兵の隠れる死地《キルゾーン》までおびき出し、そこで包囲殲滅《せんめつ》するという戦術である。

部下の回顧談に「先生は要らぬようなところに兵を出していた。ところが、そこに敗れた敵兵が逃げてくるのだ」というものがある。つまり大村は、敗兵の心理と地形をよく読み、味方が「どうして、そんなところに伏兵を置くのか」という場所に兵を置き、敵を効果的に叩いたのだ。

いずれにせよ、四境戦争こそ幕末の方向性を決定付けたものであり、鳥羽・伏見の戦いと並んで、日本戦争史の白眉《はくび》となるものだ。

その後の流れは、ご存じの通りである。

将軍となった慶喜が大政を奉還し、王政復古の大号令が発せられ、長州藩は名誉を回復する。そして薩摩藩や土佐藩と共に、維新回天の大事業に参画していく。

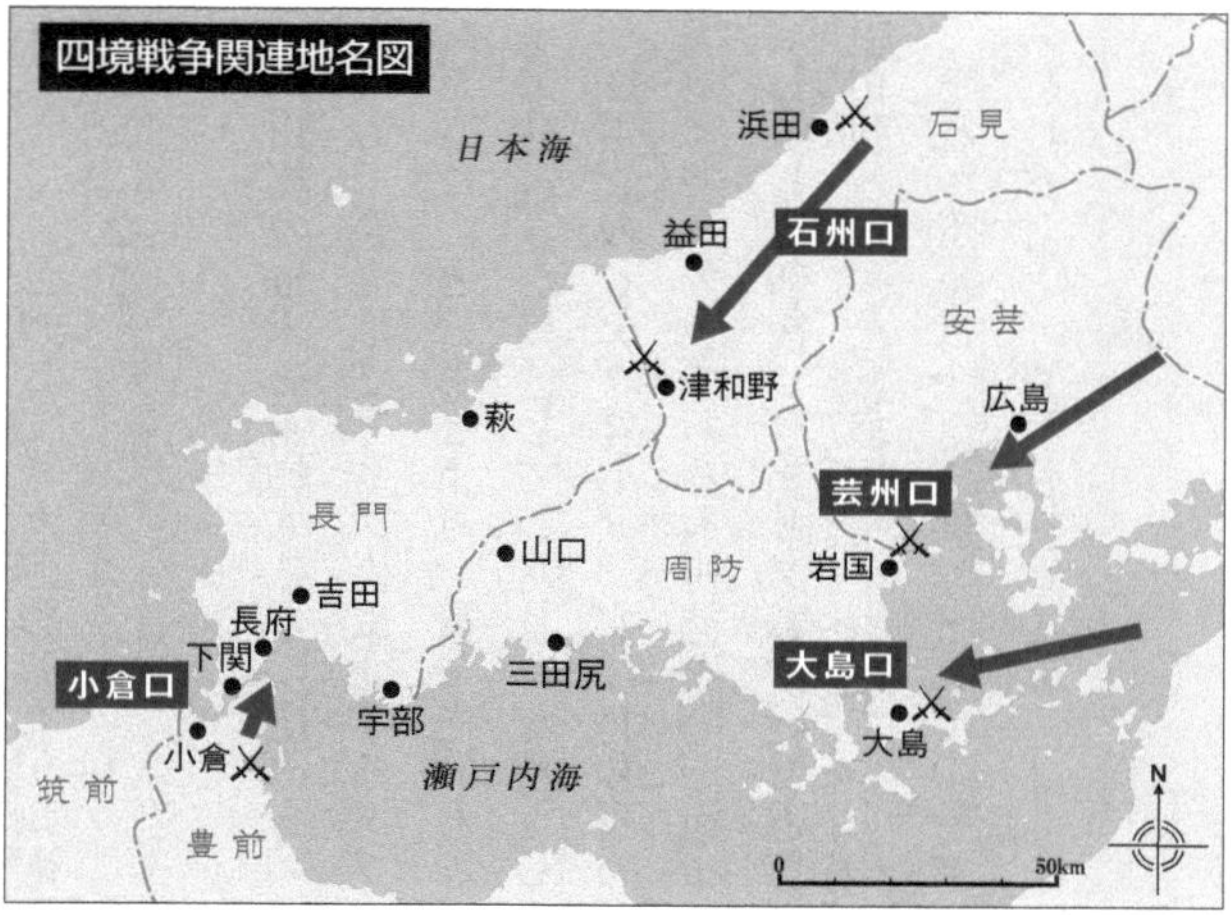

だが長州藩は、王政復古の大号令までは朝敵とされていたため、その間の政治的空白期間を薩摩藩に利用され、その後塵《こうじん》を拝することになる。

しかも高杉晋作が死に、木戸孝允が病気がちということで、戊辰戦争から新政府の創設までの間、主役の座を薩摩藩に譲らざるを得なかった。

さらに打撃となったのは、明治二年（一八六九）に大村が暗殺されたことで、軍政・軍事面での政府への関与が弱まったことだ。

それでも明治六年（一八七三）の政変で、薩摩藩閥が西郷と大久保利通の決裂によって勢力が弱まり、西南戦争から紀尾井坂の変（大久保暗殺）によって壊滅的な打撃を受けることで、台頭してきた伊藤博文が政権を掌握し、長州藩閥は最終的な政治闘争に勝利することになる。

長州藩の幕末を俯瞰《ふかん》すると、攘夷という一見、時代遅れで旧態依然とした大義を掲げながらも、裏ではリアリズムに徹するダブルスタンダードに驚かされる。実際は開国する方針だったことはもとより、身分を問わない民兵の起用も、武士というものにこだわらないリアリズムが浸透していた証左だろう。

長州藩のイデオローグ、すなわち表の顔が吉田松陰であり木戸孝允なら、裏の顔は、希代のリアリストである大村益次郎が担っていたのは言うまでもない。

しかし維新後、リアリズムが行き過ぎたのか、旧長州藩閥から井上馨、山県有朋、山城《やましろ》屋和助《やわすけ》といった貪官汚吏《たんかんおり》を出してしまったのは痛恨事だった。

それでも、武士（士族）としての矜持《きょうじ》を捨てられずに下野した西郷隆盛と旧薩摩藩士たちに比べると、貪官汚吏の方が、よほどしたたかでたくましく感じられる。

松前藩

――幕末の動乱に巻き込まれた「無高《むだか》大名」

福山城天守・本丸御門。天守は復元されたものだが、旧国宝の本丸御門は重要文化財に指定されている（松前町郷土資料館提供）

江戸時代には、三百諸侯と呼ばれるほど多くの大名家があった。むろん加賀藩のような百二万石の大藩もあれば、請西藩のような一万石ぎりぎりの小藩もある。

それぞれの藩は独立採算制で、互いにさほど交流はなく、幕藩体制が長く続くことによって、独自の藩風や文化、政治体制、経済活動（収益構造）を育《はぐく》んでいくことになる。

とは言うものの、当時の日本は農業を基本とする社会であるため、年貢《ねんぐ》の徴収によって藩を運営していくという形態は、どの藩もさほど変わらず、それに加えて、商業や漁業などの他産業からの上がりが、どれほどあるかという違いぐらいだった。

そうした中、好むと好まざるとにかかわらず、独自の収益構造を打ち立てなければ生き残れない藩もあった。米の穫《と》れない過酷な自然環境に置かれた蝦夷地を領国とする松前《まつまえ》藩も、そんな藩の一つだった。

本章では、辺境の小藩が時代の荒波にもまれながらも、生き残るために必死になって戦った姿を追っていきたい。

江戸時代を通じて、松前藩は「無高大名《むだかだいみょう》」と呼ばれて蔑《さげす》まれた（家格は一万石格）。というのも、松前藩領では米が穫れず、石高の表しようがないからだ。では、どうやって殿様や家臣団が食べていたかというと、漁業と交易によってである。

具体的には、アイヌたちが持ち込んだ鹿・熊・ラッコなどの毛皮、干鮭《からざけ》・干鱈《ひだら》・熊胆《くまのい》、昆布などを、米・酒・煙草・鉄製品・古着・漆器《しっき》と物々交換し、アイヌの生産品を近江商人が大坂方面に運んで売りさばき、利益の何割かを上納金として松前藩に納めるという方法が取られていた。

だが、これでは家臣団に知行制が布《し》けない。そのためアイヌたちの狩猟地区《イオル》分を元にして、上級家臣三十四人に蝦夷地の海岸を分け与え（残りの藩士は蔵米取）、アイヌの人々との交易を許した。これを商場《あきないば》知行制といい、アイヌは特定の知行主以外との交易を禁じられた。これが十八世紀に入ると、商人が知行主に一定の上納金を納め、交易を丸ごと請け負うようになる。これを場所請負制といい、十八世紀の半ばには、ほとんどがこの形態に移行した。

やがて商人（場所請負人）自ら漁場まで経営するようになり、漁場の開拓・漁獲法の改良・漁具の導入・組織や人事にまで介入するようになる。

場所請負人たちのアイヌ支配はさらに進み、交易品の交換比率の決定権まで持つようになり、幕末には、アイヌの持ち込む物品の価値は江戸中期の三分の一以下になっていく。これによりアイヌは和人の経済圏に取り込まれ、奴隷同然の地位に落とされていった。

こうした社会的・経済的圧迫により、アイヌ社会は崩壊の危機に瀕《ひん》し、食糧事情も急速に悪化した。その一方、松前藩は収益構造を確立し、その実収入は七、八万石に上った。

アイヌどうしの内訌《ないこう》を経て頭角を現したシャクシャインは、こうした不平等に怒り、寛《かん》文《ぶん》九年（一六六九）、打倒松前藩を旗印に蜂起《ほうき》した。これに各地のアイヌたちも呼応し、反乱は蝦夷地全土に広がっていった。

だが、松前藩士はわずか八十名ほどしかおらず、戦ってもアイヌに勝てる見込みがなかった。それでも弘前《ひろさき》・盛岡《もりおか》両藩から大量の鉄砲を借り、最終決戦に辛勝することで、ようやく反乱を鎮圧した。

その後、和睦《わぼく》締結となるが、松前藩は仲直りの酒宴と称してシャクシャインたちを呼び出し、その場でだまし討ちにした。これにより松前藩は、晴れてアイヌたちを隷従《れいじゅう》させることに成功する。

それではアイヌは常に正義かというと、そうとも言えない。アイヌの首長たちは奴隷制

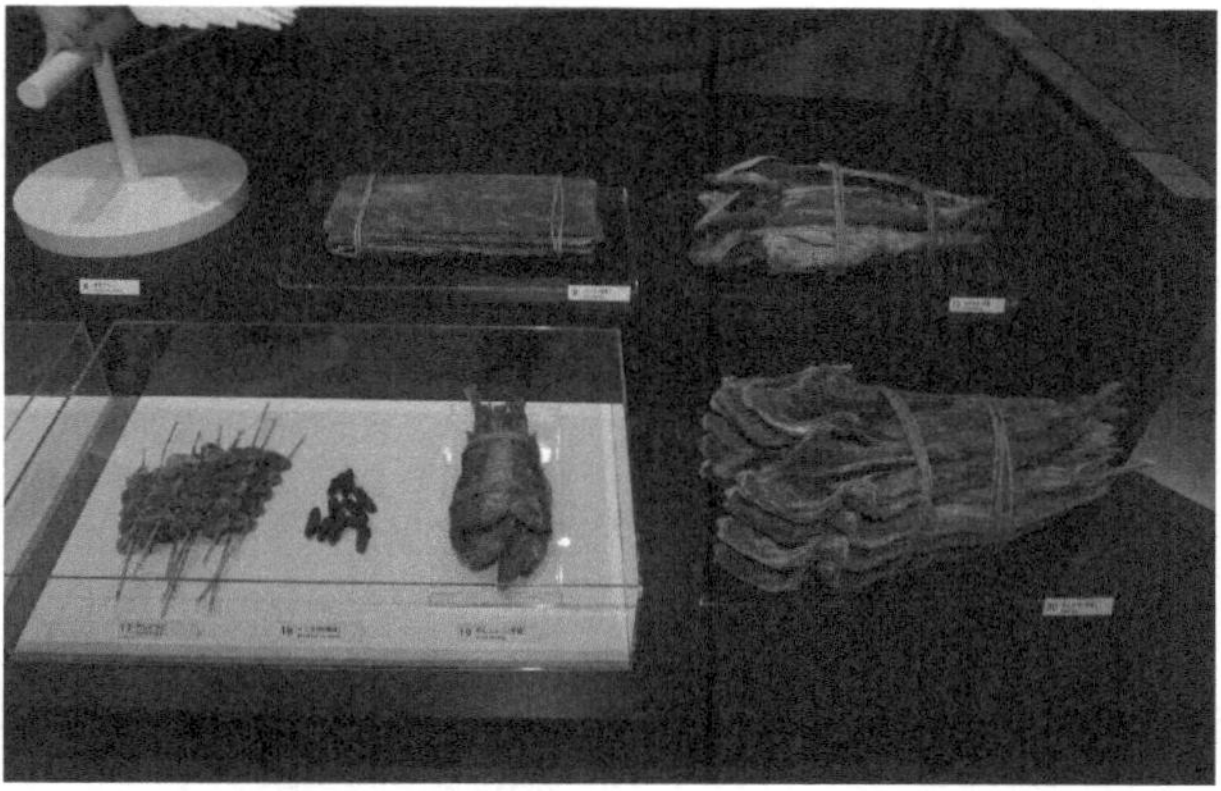

アイヌの人々が松前藩と交易した品々。奥／右から干鮭、昆布。手前／右から干鱈、干鰊、イリコ、干しアワビ（北海道博物館提供）

を布いており、ウタレと呼ばれる奴隷を私有財産のように扱っていた。これは士農工商を軸とする江戸幕府の身分制を否定するものであり、松前藩にとっては早急にやめさせたい慣習だった。

また近江商人も搾取ばかりしていたわけではない。蝦夷地西岸で獲《と》れる鰊《にしん》を肥料として畿内まで運んで売るというビジネスモデルを開発し、アイヌや和人漁師たちに大きな恩恵をもたらした。結局、宝暦《ほうれき》年間（一七五一～一七六四）には、鰊漁は蝦夷地最大の産業に成長する。

ペリー来航に先立つこと七十五年前の安永《あんえい》七年（一七七八）、蝦夷地に初めてロシア人が現れた。彼らは松前藩に通商を求めてくるが、藩政府は当然、これを拒否する。この時から松前藩は、不時の異国船の来航に悩まされることになる。

幕府も国内の海防論に押され、天明五年（一七八五）頃から調査に乗り出してくることで、蝦夷地の問題は松前藩だけの問題から国家問題となっていく。

外国船の来航が増えてくるにつれ、松前藩は慢性的な財政難に陥っていった。しかし藩ができることと言えば、場所請負商人に対して上納金をつり上げるくらいだ。そうなると、利益を上げたい商人たちは労働力となるアイヌを酷使する。

それが悪循環となっていき、寛政《かんせい》元年（一七八九）のクナシリ・メナシの蜂起となる。だがこの頃には、アイヌの中にも既得権益層ができ上がっていたため、松前藩は離間工作によって双方を争わせ、さらに和人寄りのアイヌに反乱アイヌを説得させることで一件落着させた。これがアイヌの最後の反乱になる。

寛政四年（一七九二）、ロシアのラクスマンが正式使節として根室《ねむろ》に来航し、通商を求めてきた。もはや自藩だけでは手に負えないと思った松前藩は、これを幕府に報告した。

結局、幕府から派遣された役人が松前でラクスマンと会い、交渉は長崎で聞くとして入港許可証を与えることで、この時は落着する。ところが、この後もイギリス船が来航するなどして、相変わらず蝦夷地は落ち着かない。

寛政十年（一七九八）、幕府は近藤重蔵《こんどうじゅうぞう》ら百八十人の調査団を派遣し、蝦夷地開発の可能性を探らせた。その結果を受けて翌年、幕府は蝦夷地の直轄支配に乗り出す。結局、松前藩は「替地《かえち》は追って沙汰《さた》する」と通達され、所領と権益を取り上げられる。

文化四年（一八〇七）、松前藩は陸奥国伊達《だて》郡梁川《やながわ》に移され、梁川藩と名を変える。さらに飛び地も与えられて一万八千石となるが、これでは実収入七、八万石に遠く及ばず、三百八十名余に増えていた藩士たちは食べていけない。結局、藩は下級藩士、足軽、中間《ちゅうげん》など二百名余を召《め》し放つことで、この難局を乗り切るしかなかった。

この時、蝦夷地の事情をよく知る下役が幕府に採用され、役に立たない上級家臣が残留したことで、松前藩は大きな代償を支払うことになる。リストラは、いつの時代も同じ過ちを繰り返す。

一方、幕府は松前奉行を置いて蝦夷地の統治を行っていたが、ロシアがナポレオン率いるフランスとの戦いに傾注することで、東方への脅威が減ってきたこともあり、文政四年（一八二一）、十五年ぶりに蝦夷地を松前藩に返還する。しかし天保年間（一八三〇〜一八四四）には、ロシアに代わって欧米の捕鯨《ほげい》船が頻繁に来航するようになる。

そうした最中の嘉永二年（一八四九）、早世による藩主の交代がずっと続いていた松前藩に、ようやく名君が誕生する。就任時二十一歳の松前崇広《たかひろ》である。

幕府は英名の誉れ高い崇広に、城と砲台の設置を命じた。これに応《こた》えた崇広は、福山湾《ふくやま》（松前湾）を見下ろす福山台地の南端に、天守閣のある平山城《ひらやまじろ》を築くことにした。これが、天守閣を持つ旧式の築城法では最後の建築になる福山城（松前城）である。

この時に崇広と重臣たちが築城家として招聘《しょうへい》したのが、長沼《ながぬま》流兵学者で七十二歳の市川《いちかわ》一学《いちがく》だった。この時代錯誤の人選が、いかにも松前藩らしい。

しかも一学は、湾からわずか三百メートルの地点に城を築いてしまい、敵船が湾内に侵入して砲撃すれば、ひとたまりもない城となってしまった（後にその通りになる）。

さらに松前藩はこの時、築城費用に十五万両から二十万両もかけてしまい、以後、財政的に窮乏する。

嘉永七年（一八五四）、外圧に耐えきれなくなった幕府は箱館の開港を視野に入れ、箱館奉行を再興すると同時に、箱館周辺六里四方の地を松前藩から上知《あげち》し、欧米の捕鯨船の補給に備えることにした。

さらに安政二年（一八五五）、幕府は再び蝦夷地の大半を直轄領とする。これにより松前藩の知行地は、松前と江差《えさし》周辺に限られた。

蝦夷松前藩の第12代藩主・松前崇広公の肖像（松前町郷土資料館所蔵）

安政六年（一八五九）、幕府は蝦夷地を警備していた東北六藩（会津・庄内・盛岡・仙台・弘前・秋田）に警備地周辺の領地を分与したため、交易などの権利が錯綜《さくそう》し、また産品の運搬効率も著しく悪化し、現地の商人やアイヌを混乱させた。これにより大規模な駕《か》籠《ご》訴《そ》が起こり、時の大老の井伊直弼から、六藩の荷物の関税や運上金を松前藩が受け取れるといった妥協案を引き出した。つまり諸藩の交易を、松前藩が取りまとめることになったのだ。

　嘉永七年、二度目の来航を果たしたペリー艦隊が箱館にやってきた。すでに日米和親条約が締結され、伊豆の下田と箱館の開港が決まっており、ペリーは箱館が捕鯨船の寄港地に適しているかどうかの下見（湾内の測量）に来たのだ。この時、松前藩は懇切丁寧な対応をして、事なきを得た。

元々、藩主の崇広は開明的で開国論を唱えていたので、幕閣から気に入られ、文久三年（一八六三）には寺社奉行、翌元治元年には老中格・幕府海陸軍総奉行に任命された。辺境の外様《とざま》小藩にすぎない松前藩にとっては、前代未聞の栄誉である。

この抜擢《ばってき》に応えるべく、崇広は慶応元年（一八六五）、老中首座の阿部正外《あべまさと》と共に勅許《ちょっきょ》なしで兵庫開港を推し進めた。ところが徳川慶喜をはじめとする反対派と衝突し、二人は官位剝奪《はくだつ》の上、領地謹慎という厳しい処分を受ける。もちろん老中職も解任された。

国元での謹慎を命じられた崇広は意気消沈して松前に帰り、翌慶応二年、失意のまま病死する（自決説もあり）。享年三十八だった。英名を謳《うた》われた崇広だったが、歴史の表舞台で活躍したのは、わずか一年余だった。

崇広の跡を継いだ徳広《のりひろ》も暗君ではなかったが、持病の肺疾があり、幕末の荒波を乗り切るには心許《こころもと》なかった。そのため門閥派家臣の合議制で、藩政が運営されていくことになる。

時代はめまぐるしく変わり、大政奉還、王政復古、鳥羽・伏見の戦いと、中央では大事件が次々と起こっていた。

松前藩にとって幸いだったのは、東北諸藩が仙台や会津といった大藩の影響下に置かれていたのとは違い、本州との間を津軽《つがる》海峡で隔てられていたため、方針を自由に選べたことだ。そのため松前藩は鳥羽・伏見の戦いの結果を見て、崇広時代の佐幕一辺倒という方針をかなぐり捨て、新政府へ恭順の意を表す。むろん奥羽越列藩同盟方へも家老を派遣し、列藩同盟にも当初は参加し、保険を掛けることを怠らなかった。

こうした中、藩内で政変が起こる。慶応四年七月、数十人の若手で結成された尊王攘夷《じょうい》派の正議隊《せいぎたい》が城を乗っ取り、門閥派家老たちを締め出したのだ。

正議隊は徳広を味方に付けると、門閥派家老や守旧派藩士たちを追放・粛清し、藩政を握った。元々、門閥派や守旧派自体が佐幕の方針を捨て、「長い物には巻かれろ」とばかりに新政府に恭順の姿勢を取っていたことを考えると、このクーデターにさしたる大義はない。正議隊が、権力欲に駆られて行った政変と断じてもいいだろう。

現に、門閥派から奪った権益を正議隊の幹部で分け合っている。それでも正議隊政権は軍の近代化を図り、旧式で艦砲射撃を受けやすい福山城から内陸部に新城を造り、移転を図ろうとしたので、門閥派よりもましなのは間違いない。

これが明治元年（一八六八）九月に築城が始まる館城《たてじょう》である。ちなみに同年同月に会津藩は降伏しており、東北戊辰戦争が終わっている。

かつて筆者は、取材で館城に行ったことがある（もちろん五稜郭《ごりょうかく》、福山城、江差などにも行った）。館城の築かれた厚沢部《あつさぶ》は渡島《おしま》半島の中央部で、街道から離れており、要害地形でもない。そこに城を築こうとした意図は全く分からない。松前藩は交易利権によって経営が成り立ってきた藩であり、経済的理由からも、これほどの内陸部へ移転するのは謎である。それでもこのままなら、松前藩は平穏に維新を迎えるはずだった。

ところが翌十月、旧幕府軍の残党二千五百余を乗せた榎本艦隊がやってくることで、事態は一変する。

榎本艦隊が蝦夷地東岸の鷲ノ木《わしのき》に上陸した頃、松前藩は館城への移転を進めていた。もちろん民衆の大反発を食らうのは明らかなので、季節外れの祭礼を行い、その隙に藩主とその家族を移してしまおうとした。だが、これに気づいた民衆が騒ぎ出したため、民衆の指導的立場にある者たちを片っ端から処刑するという暴挙に出る。これにより、民衆の心は松前藩から離れていく。

一方、榎本軍は海陸共に最新鋭の軍備を有しており、鎧袖一触《がいしゅういっしょく》で箱館奉行所軍を破ると、上陸から五日で箱館を占領し、幕府が築いた五稜郭を占拠した。

榎本軍の次なる目標は松前攻略である。星恂太郎率いる額兵隊を先頭に、春日左衛門《かすがさえもん》の陸軍隊、土方歳三の新選組、人見勝太郎の遊撃隊、渋沢成一郎《しぶさわせいいちろう》の彰義隊、古屋佐久左衛門の衝鋒隊《しょうほうたい》といった戦慣れした連中が、松前を目指して進撃を開始した。これらの部隊を率いるのは、泣く子も黙る土方歳三である。

それでも地の利を得た松前藩軍は、奇襲攻撃を掛けるなどして抵抗するが、箱館湾沿いに後退を重ねた。

また夜襲を掛けたにもかかわらず、民家に放火して狙撃の的になるといった戦い方で、松前藩は戦の経験不足を露呈した恰好《かっこう》になった。

一気に福山城下まで進んだ土方らは、福山城の東三百メートルの地点にある馬形《まがと》台地を占拠し、ここを砲台として砲戦を開始する。ちなみに筆者もこの地を訪れたが、これほど福山城を砲撃するのに適した台地を初めから放棄するというのは、軍略的に考えられない。

時を同じくして箱館から福山湾（松前湾）に来航した蝦夷政府海軍は、援護射撃を開始し、松前藩の砲台を粉砕する。海陸からの砲撃に城方の砲台は沈黙した。

これを見た土方は大手から彰義隊を、搦手《からめて》から額兵隊と陸軍隊を突入させた。この時、搦手となる三の丸天神坂門《てんじんざかもん》での戦闘は熾烈《しれつ》を極めた。

松前藩兵は城を守るために力戦奮闘したが、土方は自ら決死隊を率いて斬り込みを敢行し、三の丸を制圧した。

これにより万事休した松前藩軍は、城に放火して館城や江差へ向けて逃げていった。この時、松前藩兵は城の北に連なっていた城下町や寺院に放火したため、その大半が灰燼《かいじん》に帰した。焼け出された民衆は「御用火事」と呼び、後々まで松前藩を恨んだという。

この後、館城も江差も攻略され、残った藩士たちは船で弘前まで逃れるか、蝦夷政府軍に降伏した。徳広も船で弘前に逃れたが、この時の逃避行によって病状が悪化し、弘前で客死する。享年二十五だった。

ところが明治二年（一八六九）四月、新政府軍が蝦夷地に上陸することで状況は一変する。蝦夷政府軍は各戦線で劣勢に陥り、同年中に降伏することになる。この時、新政府軍の嚮導役《きょうどうやく》となったのが松前藩士たちだった。彼らは、捕虜とした蝦夷政府軍の兵士たちの目をつぶしたり、急所を切り落としたりといった酸鼻《さんび》を極める残虐行為で報いた。

蝦夷地に復帰した松前藩は、新藩主に五歳の兼広《かねひろ》をいただき、館藩として再建を図るが、新政府は明治二年に北海道開拓使を設立し、蝦夷地開拓が開始される。

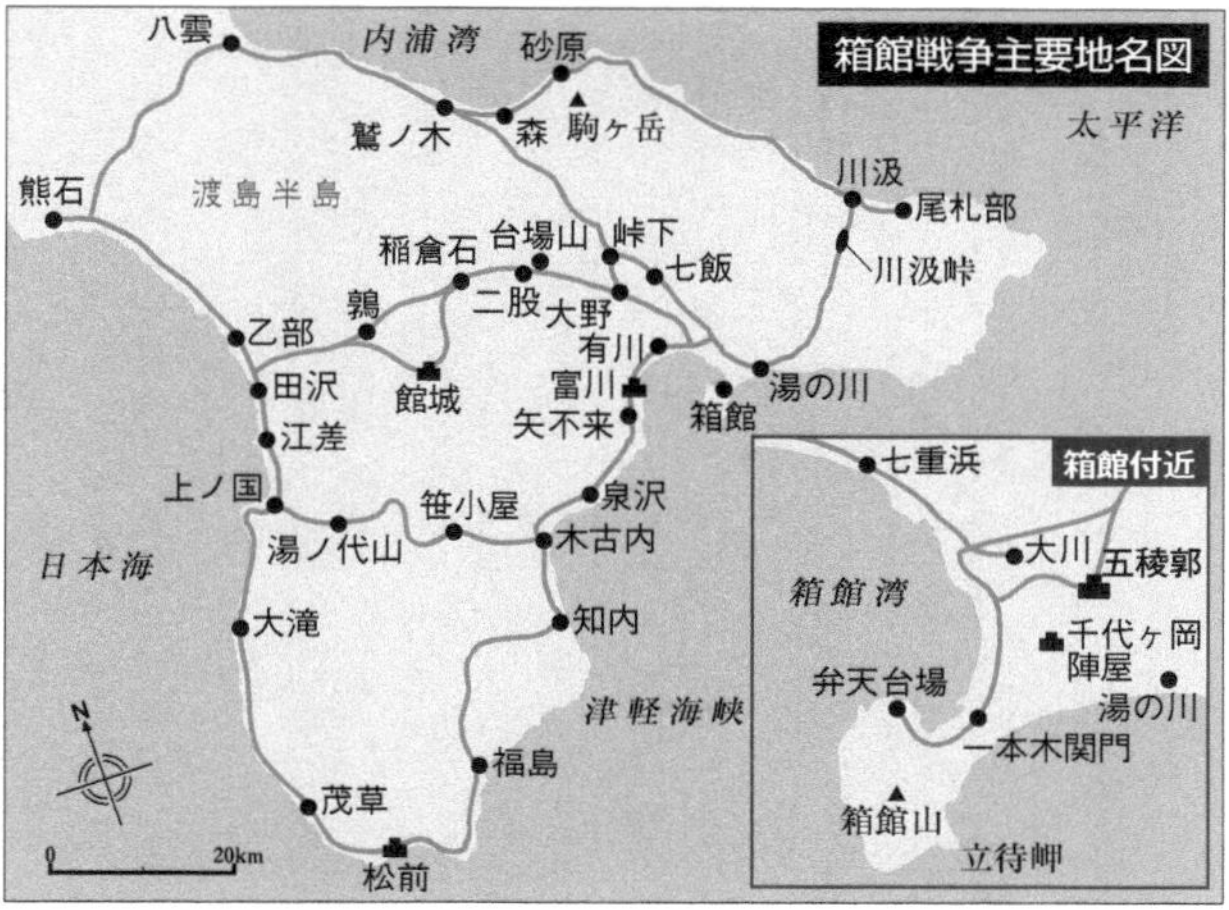

松前周辺の四郡に領地を限定された松前藩は、箱館戦争による痛手から立ち直れないでいた。だが廃藩置県により、すべての債務を政府が肩代わりすることで、その苦しみから解放される。

かくして、三世紀にわたって蝦夷地を支配してきた松前藩の歴史は終わった。

松前藩にとって、藩政末期に起こった箱館戦争は天災に等しいものだった。領国は荒廃し、その復興費も捻出《ねんしゅつ》できない中、廃藩置県まで藩を維持し、その最期を看取《みと》ることができたのは、不幸中の幸いだったのかもしれない。

会津藩

——幕末最大の悲劇を招いてしまった白皙《はくせき》の貴公子

難攻不落と謳われた鶴ヶ城（若松城）。再建された天守閣は幕末の赤瓦を再現している（会津若松市提供）

青森県の三戸《さんのへ》や五戸《ごのへ》には、「会津ゲタカ」や「会津ハドザムライ」という言葉が残っている。いずれも地元の人々が、旧会津藩士やその家族のことを呼んだ言葉だという。「ゲタカ」とは毛虫のことで、山に生える草木なら何でも食べることに由来する。また「ハドザムライ」とは「鳩侍」のことで、鳩のように大豆や豆腐のオカラばかりを食べているという意味である。

こうした呼び名は、会津落城後に下北半島の不毛の地に移され、斗南《となみ》藩とされた旧会津藩士たちが、いかに酷《むご》い生活を強いられたかの証《あかし》になっている。

会津藩士たちは、なぜそこまでの仕打ちを受けねばならなかったのか。どうすれば、それが避けられたのかを考えていきたいと思う。

会津藩松平家は、陸奥国会津郡を本拠にした表高二十三万石の親藩大名で（内高四十万石）、その初代は保科正之である。

正之は三代将軍家光の異母弟にあたり、家光によって引き立てられて会津藩を立藩し、家光の死後は四代家綱《いえつな》を補佐し、幕閣に重きを成した。

自分を抜擢《ばってき》してくれた家光を神のごとく尊崇《そんすう》した正之は、その死に際し、「将軍家に忠勤を尽くすことだけを考え、他藩を見て己の身の振り方を判断するな。もし二心を抱く藩主がいれば、わが子孫ではない。家臣たちは従うな」という言葉を残した。

よくも悪くも、この遺訓が会津藩の命運を決することになる。

最後の会津藩主・松平容保《かたもり》は天保六年（一八三五）、美濃高須《みのたかす》藩主・松平義建《よしたつ》の六男として生まれた。弘化三年（一八四六）には、叔父《おじ》にあたる会津藩主・松平容敬《かたたか》の養子とされ、嘉永五年（一八五二）、養父容敬の死によって、十八歳で家督を継いだ。

文化・文政の頃から日本各地に外国船の来航が相次ぎ、会津藩も相州三浦《そうしゅうみうら》郡および房総警備に就いていたが、容保が家督を継いだ翌年にあたる嘉永六年（一八五三）、ペリー艦隊の来航により、江戸湾の防衛力強化が叫ばれるようになる。

幕府は品川沖に台場を構築し、有力諸藩に守備を委《ゆだ》ねることにしたが、この時、会津藩は品川第二台場を任された。

その後、日米・日露の両和親条約が結ばれ、いよいよ日本は開国に向けて動き出す。

安政六年（一八五九）、会津藩は台場の守備を解かれ、代わりに蝦夷《えぞ》地の開拓と警備を任されるが、ちょうど時代は、安政の大獄を経て桜田門外の変で大老の井伊直弼が倒れ、それを継いだ老中の安藤信正は皇女和宮の将軍降嫁を実現させようとしていた頃である。それは実現するものの、安藤が坂下《さかした》門外の変で負傷し、老中の座を退くことで、再び政情は混沌《こんとん》としてくる。

公武合体路線によって事態の打開を図ろうとした幕府は、薩摩藩の要請もあり、将軍後見職に一橋慶喜を、政事総裁職に松平春嶽を任命する。

二人は京都の治安維持を図るべく、京都守護職という新たな職を設け、西国雄藩や尊王攘夷《じょうい》派志士の動きを抑えようとした。

文久二年（一八六二）七月、慶喜と春嶽は容保に京都守護職就任を要請してきた。当初、容保は辞退していたが、春嶽から保科正之の遺訓を持ち出されて受諾する。

同年十二月、容保は藩兵一千を率いて上洛《じょうらく》の途に就いた。ここに容保と会津藩の苦難の道が始まる。

翌文久三年（一八六三）正月、孝明天皇に拝謁が叶《かな》った容保は、天盃《てんぱい》と御衣《ぎょい》（天皇の未使用の着衣）を賜《たまわ》るという栄誉に浴する。武士が御衣を賜るのはまれで、それだけ天皇が容保に期待していた証拠である。後に容保はこの生地を陣羽織に仕立てて愛用した。天皇の信頼を得たことで、容保は勇躍した。その白眉《はくび》は同年の八月十八日の政変だろう。長州藩と尊攘派公家《くげ》たちが朝廷を牛耳《ぎゅうじ》ることを憂慮していた薩摩藩の方から、この政変の話は持ち掛けられた。会津藩にとっても異存はなく、秋月悌次郎《あきづきていじろう》や広沢安任《ひろさわやすとう》といった会津藩公用局が薩摩藩との間を走り回り、無血クーデターは実現した。

陣羽織に仕立てた御衣を纏った若き日の松平容保
（会津若松市所蔵）

　ちなみに会津藩では、在京にあたって公用局と呼ばれる外交全般を担当する組織を作っていた。ここには下級藩士が多く登用され、外交だけでなく情報収集や諜報《ちょうほう》活動も行うことになる。

八月十八日の政変によって、天皇は容保に厚い信頼を寄せるようになり、十月、容保は御宸翰《ごしんかん》（直筆の表彰状）と御歌《おうた》（御製《ぎょせい》）を賜った。容保は終生、この御宸翰と御歌を肌身離さず持っていたという。

長州藩の没落により、将軍後見職の一橋慶喜、越前の松平春嶽、土佐の山内容堂、薩摩の島津久光、伊予《いよ》の伊達宗城、そして容保という六人により、参預会議が発足する。

翌文久四年（一八六四）正月には将軍家茂も上洛を果たし、公武合体政権は軌道に乗り始めたが、その一方、長州藩は覇権奪回を狙っており、水戸藩でも尊攘派の天狗党が挙兵に踏み切った。

しかし公武合体政権をつぶしたのは、彼らではなく獅子《しし》身中の虫だった。

島津久光の提唱によって始められたという経緯もあり、参預会議は久光が主導権を握る形になった。最初の議題は長州藩の処分と横浜鎖港問題である。前者はまだしも、後者の解決策をめぐって慶喜と久光が対立する。挙句の果てに慶喜は酔って議場に現れ、久光らを罵倒《ばとう》するという暴挙に出る。これにあきれた久光と容堂が帰国し、参預会議は二カ月で崩壊した。

一方、外様《とざま》大名たちを追い出した慶喜は、幕閣とも距離を置くべく将軍後見職を辞し、朝廷から禁裏《きんり》御守衛総督という新設の職を得る。だが慶喜には軍事力がない。そこで慶喜は、容保とその弟の桑名藩主・松平定敬の抱き込みを図る。

ここで慶喜と手を組んでしまったのが、容保の失敗だった。後にはっきりすることだが、慶喜は口だけの小才子《こざいし》であり、それを見抜けなかった容保もまた殿様育ちだったのだろう。

むろん容保には、孝明天皇の信頼という逃れられない枷《かせ》がある。孝明天皇は慶喜にも信頼を寄せていたが、それ以上に容保を頼みとしており、容保を参議に昇進させると、「内密に依頼したいことがある。これは参与（慶喜）に漏らしてはならない」と言って御宸翰を出したことさえあった。

こうしたプレッシャーは、徐々に容保の体を蝕《むしば》んでいった。体調のすぐれない日々が続いたため、容保は幾度となく慶喜や幕閣に辞職を願い出るが聞き入れてもらえず、ずるずると京都に滞在し続けることになる。

その間、政治状況はめまぐるしく動いていく。

会津藩には、後の悲劇を回避する岐路がいくつかあった。容保が京都守護職を受けた時が第一とすれば、ここが第二だった。「病気療養のため」という理由で押し通せば、慶喜や幕閣も受け入れざるを得ない。たとえ辞職しないまでも、一時的に会津に戻れたはずだ。だが容保は真面目で実直な性格ゆえか、それができなかった。

結局、容保は幕末の政局を左右する元治元年の半年間、病臥《びょうが》して何の政治活動もできないまま過ごした。しかも会津藩は、他藩のように藩政を牛耳る家老がおらず、それが不幸に拍車を掛けた。

実はこの間、容保を支えてきた京都詰家老の横山主税《よこやまちから》も病臥しており、その手足となっていた秋月悌次郎も薩摩藩寄りということから、慶喜の根回しによって帰国させられていた。これにより薩摩藩とのパイプがなくなり、会津藩公用局は、薩摩藩の方向転換と薩長同盟締結という動きを摑《つか》めなくなる。

それでも六月、池田屋事件が勃発《ぼっぱつ》し、会津藩は傘下の新選組を使い、尊攘志士らの政変計画を未然に防いだ。

だが、この事件は会津・長州両藩の憎悪の歴史の始まりであり、後に「徳川は許せても、会津は許せない」という長州人の怨念《おんねん》を生むことになる。

七月、怒った長州藩が「薩賊会奸《さつぞくかいかん》」という旗を掲げて上洛軍を発する。これを聞いた容保は、立つことさえ困難だったにもかかわらず、軍装に着替えて出馬する。

この時、藩兵を激励する容保の姿は「その病あるを知らざるが如し」（『七年史』）というほど立派なものだったという。

禁門の変は、御所に攻撃を仕掛けるという長州藩の暴挙を見過ごせなくなった薩摩藩の参戦によって、一会桑《いっかいそう》側の大勝利に終わる。

その結果、一橋慶喜を首班とした一会桑政権と呼ばれる非公式な政権が誕生する。これは朝廷勢力と結び付き、幕閣と距離を取った独自の政権だった。

ほぼ同時に朝廷から長州征討令が下り、第一次長州征討が始まる。だが慶喜は本気で征討する気はなく、「ここで一気に叩《たた》くべし」という容保の意見を無視した。

一方、長州藩は八月、英米仏蘭の四国連合艦隊の砲撃を受けて大打撃をこうむっており、再起不能となっていた。

ここが第三の岐路だった。この時、長州藩に追い打ちを掛けて白旗を揚げさせ、減封や移封にしておけば、後に会津藩があれだけの目に遭うことはなかったはずだ。

結局、薩摩藩の西郷隆盛の斡旋《あっせん》により、三家老の切腹と四参謀の斬首《ざんしゅ》という線で、長州藩が歩み寄りを示し、和睦《わぼく》の運びとなる。長州藩には人的損失以外に損害はなく、これだけで済まされたことが、後の長州藩の再起につながっていく。

さらに十二月には、慶喜の手で水戸藩の天狗党が処断され、尊攘派は壊滅的な打撃をこうむった。

もはや長州藩と尊攘派に勝ち目はなく、会津藩は勝者の道を歩むはずだった。ところが歴史は、思い通りにはいかない。

ここまでは一会桑勢力に味方してきた薩摩藩だったが、慶喜に対する不信感が払拭《ふっしょく》できないでいた。また慶喜の権力や徳川家の領土四百万石を残した政治体制では、外圧に対抗できないという危惧《きぐ》もあった。

それゆえ薩摩藩は一会桑政権とは距離を置き、独自の道を模索していた。その中には倒幕という選択肢もあり、西郷らはあえて長州藩を生かすことにしたのだ。そのため長州藩は和戦両様の構えを取りつつ、軍備の拡張を図り始める。

これを知らない会津藩公用局ではない。だが、この頃の会津藩は財政難によって日々の藩運営にも事欠く始末であり、早急に財政改革を推し進める必要に迫られていた。

ここで京都詰家老の田中土佐《たなかとさ》と神保内蔵助《じんぼくらのすけ》が、容保に守護職辞任を強く勧めた。後から考えれば、京都が一時の平穏に包まれているこの時が、確かに好機だった。

二人の命を懸けた諫言《かんげん》に打たれた容保は、いったんは辞職を決意する。

だが朝廷・慶喜・幕閣三方から慰留され、辞職に踏み切れない。そのため帰国はうやむやにされる。ここが会津藩の運命を変える第四の岐路だった。この時なら長州藩の恨みは買っているが、鳥羽・伏見の戦いが行われる前なので、朝敵にはなっていないからだ。

後に田中と神保は、新政府軍が会津若松に攻め込んできた日、同じ場所で並んで自決する。二人は、この時に容保を辞職させられなかった責《せめ》を一身に背負ったのだ。

『幕末会津志士伝稿本』に「(会津侯は)資性温順にして、忠誠の言は肺肝《はいかん》より出《い》ず」という記述があるが、まさに言い得て妙である。

容保が誠実で正直な人間だという評価は正しい。だが、こうした度重なる辞職の好機を逃していることから、政治家としての駆け引きが苦手で、優柔不断だったと評価せざるを得ない。むろん保科正之の遺訓にも責任の一部はあるのだが、容保の人間性に帰するところは大であろう。

ただし同情できる点はある。財政難の会津藩とは対照的に、徳川家の資金は潤沢で、この頃から頭角を現した小栗上野介《おぐりこうずけのすけ》によって、製鉄所、造船所、各種の軍需品工廠《こうしょう》が横須賀《よこすか》に相次いで造られ、またフランスの支援体制も整ってきていた。

こうした情報を摑んでいた会津藩公用局は、第二次長州征討があると確信し、そこで長州藩の息の根を止めるという方針でいたと思われる。

ところが慶応二年（一八六六）六月に開始された第二次長州征討は、慶喜が本気で取り組んだにもかかわらず、幕府方の惨敗に終わった。

この戦いで薩摩藩は中立を貫いた。むろん水面下では、雄藩連合政権構想ができ上がっており、薩長同盟も成立していた。

頭を抱えた慶喜だったが、たまたま将軍家茂が病没し、それを名目にして停戦することができた。

ここに至って薩長両藩にとっての問題は、一会桑政権を支持する孝明天皇だけになった。

そこに一人の野心家が登場する。下級公家の岩倉具視である。薩摩藩の意を受けた岩倉は倒幕派公家を増やし、公武合体派公家を排斥するといった朝廷工作を始める。

そんな最中の同年十二月、慶喜が十五代将軍の地位に就いた。これにより一会桑政権と幕閣は一枚岩となり、また孝明天皇の慶喜や容保に対する強い支持もあるため、慶喜を中心とした体制は盤石になった。

ところが慶喜の将軍就任から二十日後、孝明天皇が崩御してしまう。

あまりにタイミングのいい天皇の死には毒殺説も付きまとうが、その可能性は大とだけ、

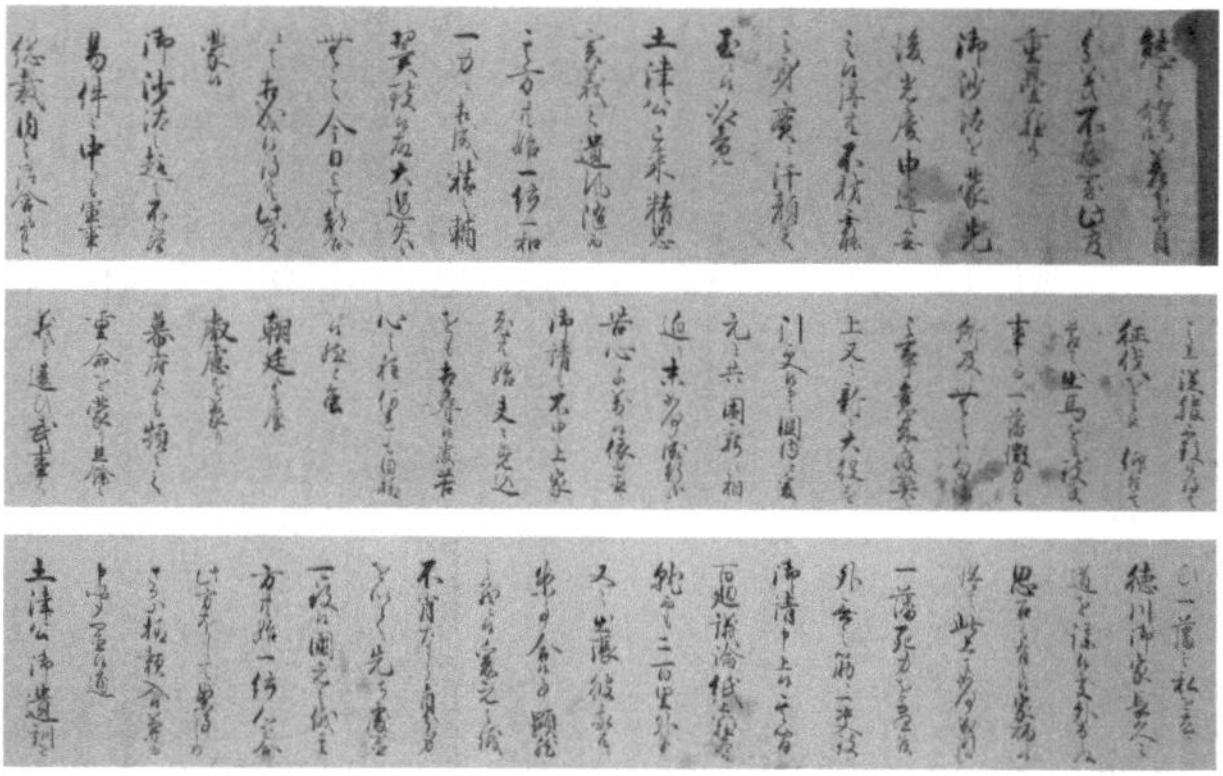

元治元年（1864）2月18日に、京都にいる松平容保から国元の家老たちにあてた書状。土津公（藩祖保科正之）の遺訓に従って国元の守りを万全にするよう要請している（福島県立博物館所蔵）

ここでは記しておく。

これにより歴史は音を立てて動いていく。

この間、容保はどうしていたのだろう。実は再び体調を崩していたのだ。とくに天皇の大葬までは持ちこたえた体力も、それが終わると一気に悪化した。

守護職の任に耐えられなくなった容保は慶応三年（一八六七）二月、幕府に辞表を提出する。だが慶喜も知恵者である。容保に辞職の意思が固いと見るや、実弟で京都所司代の松平定敬を動かして説得させた。

これまでと違って慶喜は将軍である。保科正之の遺訓を思えば、抗《あらが》えるものではない。

結局、容保は返事を保留することになっ

た。つまり保留とは現状維持であり、職を辞すことにはならない。

これが第五にして最後の岐路だった。

同年十月、慶喜は西国雄藩の倒幕運動を回避すべく、大政奉還という奇策に打って出る。これにより慶喜は将軍を辞すことになるが、新政権の議長の座に就けば、存在感はさして変わらない。だいいち朝廷には政権を担当する能力もなく、人材もいないのだ。結局、慶喜と幕府に政権運営というボールを投げ返してくるというのが、慶喜の読みである。

だが十二月、岩倉具視や大久保利通の暗躍により、王政復古の大号令が発せられ、慶喜に辞官納地が命じられる。

これは慶喜や会津藩にとって寝耳に水で、幕臣や会津藩士たちからも怒りの声がわき上がった。それでも洛中で戦闘に及ぶことを避けた慶喜は、旗本や会桑両藩などから成る旧幕府軍を大坂城まで引かせた。

これで事態は鎮静化が図られるかと思ったが、薩摩藩の江戸での陽動作戦が成功し、怒った旧幕府軍は京都に向けて進撃を開始した。ここに鳥羽・伏見の戦いが勃発する。だが旧幕府軍はこの戦いに敗れ、大坂城まで撤退する。

会津藩士たちは、慶喜が大坂城に籠城《ろうじょう》し、江戸からの後詰を待つつもりだと思っていた。

ところが慶喜は容保・定敬兄弟を伴って海路、江戸へと脱出してしまった。

江戸に戻った容保は、それでも徹底抗戦を主張するが、慶喜が謹慎恭順路線を貫くというので、空しく会津に帰ることになる。

晩年の松平容保。小石川の自邸で肺炎のため死去した（会津若松市所蔵）

かくして新政府軍の侵攻を受けた会津藩は、壮絶な籠城戦の末に降伏し、斗南藩となって下北半島に移される。

明治の世になってから、容保に面談した旧家臣の山川浩《やまかわひろし》（大蔵《おおくら》）がこの時の気持ちを問うと、すでに赦免《しゃめん》されていた容保は、こう語ったという。

「元治元年以来、余のために命を落とした家臣は三千余になるだろう。その家族を入れれば、もっとだろう。これは、すべて余一人の不徳から出たものである。自分だけがよい暮らしなどできない」

容保の日々の生活は極めて質素で、死に至るまで鬱々《うつうつ》として楽しまない日々を送ったという。自転車や写真機に凝って、勝手気ままな晩年を送った慶喜とは対照的である。あの激動の時代で責任ある地位に就くには、容保は生真面目すぎたのだ。

容保が没したのは明治二十六年（一八九三）十二月。享年五十九だった。すでに幕末維新は雲煙の彼方《かなた》に去り、日本は近代国家への道をひた走っていた。

おわりに

幕末維新の荒波は等しく諸藩に襲い掛かった。それぞれが新しい時代の夜明けを感じ、生き残るための方策を懸命に模索し、そして最良と思われる判断を下していった。その結果、明治維新は成り、日本はアジア諸国の中で唯一、近代国家への転換を成し遂げ、西洋諸国に伍《ご》していけるだけの国力を養うことができた。

だが追いつくのに必死で、新しい価値観や世界秩序を生み出すまでには至らず、結局、西洋諸国に右へ倣えの植民地の建設へと傾いていく。確かにロシア帝国の南下政策を防ぐには、朝鮮半島と満州《まんしゅう》の安定は欠かせないものだったが、別の方法もあったのではないかと今更ながら思ってしまう。だが歴史は変えられない。

すべては、われらの先祖の判断ミスだが、それによって罪を償わねばならないのは、子孫たちなのだ。

同じように幕末にも舵取《かじと》りを誤り、維新政府に顕官を送り込めず、郷里の有為の材をあたら無駄にしてしまった藩は多い。当時のことなので優秀な人材でも帰農せざるを得ず、その持っている知識や才能を無駄にしてしまった。かろうじて政府に職を得たとしても、薩長両藩出身の無学の者たちの下に就かされ、その才を十分に発揮できなかった者が大半だった。

幕末の諸藩も大日本帝国同様、組織の長の判断ミスが、後世までも響いてしまったわけだが、現代のビジネス社会でも、シャープや東芝といった一流企業でさえ同じような道をたどっている。それはなぜなのか。

その答えは一つしかない。歴史から学ばないからだ。

歴史は教訓の宝庫であり、そこから学ぶべきものは汲《く》めども尽きぬ泉のように、いくらでもある。

本書で取り上げているのは、幕末から明治維新という歴史の一断面だが、その中にも学ぶべきものは多い。

本書を手に取っていただいた読者に、一つでもプラスになることがあったら、作者としては、この上ない喜びである。

平成二十九年　十月吉日

伊東潤

本書の参考文献は、主に「歴史読本」のバックナンバーの記事を元にしている。むろん、それ以外の文献資料を参考にした箇所も多々あるが、あまりに数が多いため、記載を控えさせていただく。先達研究家諸氏に轍《わだち》を重ねて進む非礼を、ご寛恕《かんじょ》いただければ幸いである。

初出　「歴史読本」二〇一五年春号、夏号、秋号
「本の旅人」二〇一六年五月号～二〇一七年三月号
地図製作　Office STRADA

伊東　潤（いとう・じゅん）

1960年、神奈川県横浜市生まれ。早稲田大学卒業。『国を蹴った男』（講談社）で第34回吉川英治文学新人賞を、『巨鯨の海』（光文社）で第4回山田風太郎賞と第1回高校生直木賞を、『峠越え』（講談社）で第20回中山義秀文学賞を、『義烈千秋　天狗党西へ』（新潮社）で第2回歴史時代作家クラブ賞（作品賞）を、『黒《くろ》南《は》風《え》の海　加藤清正「文禄・慶長の役」異聞』（PHP研究所）で第1回本屋が選ぶ時代小説大賞を受賞。近著に『西郷の首』（KADOKAWA）、新書に『城を攻める　城を守る』（講談社現代新書）、『北条氏康　関東に王道楽土を築いた男』（板嶋恒明との共著）（PHP新書）などがある。

伊東潤公式サイト　http://itojun.corkagency.com
ツイッターアカウント　@jun_ito_info

幕《ばく》末《まつ》雄《ゆう》藩《はん》列《れつ》伝《でん》

伊東《いとう》　潤《じゅん》

2017年11月10日　初版発行
2022年8月30日　3版発行

◆◇◇

発行者　青柳昌行
発　行　株式会社KADOKAWA
〒102-8177　東京都千代田区富士見2-13-3
電話　0570-002-301（ナビダイヤル）

装丁者　緒方修一（ラーフイン・ワークショップ）
ロゴデザイン　good design company
オビデザイン　Zapp!　白金正之
印刷所　株式会社KADOKAWA
製本所　株式会社KADOKAWA

角川新書

ISBN978-4-04-082154-2 C0295

KADOKAWAの新書 ❦ 好評既刊

夜ふけのおつまみ
スヌ子

残業でクタクタ、余力なし。家飲みのおつまみは出来合いの惣菜と缶詰…これではさみしい！　お酒とごはんの相性を追求する料理研究家が、手軽なのに華のあるおつまみを紹介。「どれも簡単。作る私も早く飲みたいから！」。今夜から使えるレシピ集。

暗黒の巨人軍論
野村克也

ジャイアンツのスキャンダルが止まらない。野球のレベル低下も止まらない。球界の盟主に何が起こっているのか？　「巨人軍は常に紳士たれ」ではなかったのか？　エリート集団堕落の原因はどこにあるのか？　帝国の闇を野村克也が斬る！

「革命」再考
資本主義後の世界を想う
的場昭弘

「資本主義の危機は、勝利の美酒に酔ったときに始まった」。皮肉なことにソ連崩壊後の方が「革命」を望む声・警戒する声が起きている。揺れる世界はグローバル〝後〟に向かっているのだ。革命は起こりえる。今こそ、その現象を分析する必要がある。

日本エリートはズレている
道上尚史

先進国と途上国の格差は縮小し、各国がしのぎを削る「接戦の時代」。しかし日本のエリートは今も「日本が一番」の幻想の中にいる。諸外国の成功に「ずるい」か「ラッキーなだけ」と上から目線。これでいいの？　現役外交官が実態に切り込む。

東京の敵
猪瀬直樹

噴出する都政の問題。五輪は無事開催できるのか。小池百合子・新都知事は何と戦うべきなのか。副知事、そして知事として長年都政に携わった作家が、東京という都市の特質を改めて描きながら、問題の核心を浮き彫りにする。